CW01653885

VOCES SABIAS

PAIDÓS CONTEXTOS

Últimos títulos publicados:

J. Muñoz Redón, *El arte de la existencia*
Z. Bauman, *Esto no es un diario*
U. Beck y E. Beck-Gernsheim, *Amor a distancia. Nuevas formas de vida en la era global*
J. Baggini, *La queja. De los pequeños lamentos a las respuestas reivindicativas*
M.-F. Hirigoyen, *El abuso de debilidad. Y otras manipulaciones*
A. Comte-Sponville, *Ni el sexo ni la muerte. Tres ensayos sobre el amor y la sexualidad*
I. García Ureta, *Lo que la universidad no enseña*
L. Ferry, *Sobre el amor. Una filosofía para el siglo XXI*
M.-F. Hirigoyen, *Las nuevas soledades*
G. Nardone, A. Montano y G. Sirovich, *Resurgir y vencer. Una historia de talento, técnica y estrategias mentales*
T. Geffrotin, *La música clásica en 100 palabras*
A. Billault, *La Grecia antigua en 100 palabras*
E. B. Burger y M. Starbird, *Los 5 elementos del pensamiento efectivo*
R.-P. Droit, *Pequeñas experiencias de filosofía entre amigos. Romper los códigos de la vida cotidiana*
M. Güell Barceló, *¿Tengo inteligencia emocional? 30 preguntas y 29 respuestas*
B. Goldacre, *Mala farma. Cómo las empresas farmacéuticas engañan a los médicos y perjudican a los pacientes*
A. Lurie, *El lenguaje de la moda. Una interpretación de las formas de vestir*
F. Caferri, *El paraíso está a los pies de las mujeres*
A. Freixas, *Tan frescas. Las nuevas mujeres mayores del siglo XXI*
T. Todorov, *Los abusos de la memoria*
J. M. Martínez Selva, *Celos. Claves para comprenderlos y superarlos*
J. Goodall y M. Bekoff, *Los diez mandamientos para compartir el planeta con los animales que amamos*
M. Pastoureau, *Diccionario de los colores*
J. Clottes, *La prehistoria explicada a los jóvenes*
J. Le Goff, *La Edad Media explicada a los jóvenes*
A. Jollien, *Pequeño tratado del abandono. El arte de afrontar la vida tal como se nos presenta*
M.-F. Hirigoyen, *El acoso moral. El maltrato psicológico en la vida cotidiana*
M.-F. Hirigoyen, *El acoso moral en el trabajo. Distinguir lo verdadero de lo falso*
H. G. Frankfurt, *Sobre la charlatanería (On Bullshit) / Sobre la verdad*
M. de la Válgoma, *El derecho explicado a los jóvenes*
L. Etxebarria, *Tu corazón no está bien de la cabeza. Cómo salí de una relación tóxica*
G. E. Harris (comp.), *Las grandes preguntas de los niños y las sencillas respuestas de los grandes expertos*
J. Siaud-Facchin, *¿Demasiado inteligente para ser feliz? Las dificultades del adulto superdotado en la vida cotidiana*
V. Frankl, *En el principio era el sentido*
J. Muñoz Redón, *Tristes tópicos*
A. Lowen, *El narcisismo. La enfermedad de nuestro tiempo*
M.-F. Hirigoyen, *Todo lo que hay que saber sobre el acoso moral en el trabajo*
R.-P. Droit y J.-P. de Tonnac, *Aquellos sabios locos*
P. Veyne, *Foucault. Pensamiento y vida*
A. Compagnon, *Un verano con Montaigne*
M. Caralt, *La historia de España explicada a los jóvenes*
Z. Bauman, *¿Para qué sirve realmente un sociólogo?*
M. Motterlini. *Economía emocional. En qué nos gastamos el dinero y por qué*
N. deGrasse Tyson y D. Goldsmith, *Orígenes. Catorce mil millones de años de evolución cósmica*
F. Manes y M. Niro, *Usar el cerebro. Conocer nuestra mente para vivir mejor*
R.-P. Droit, *Si sólo me quedara una hora de vida*
J. Hari, *Tras el grito*
E. García Quevedo, *Voces sabias*

ELENA GARCÍA QUEVEDO

VOCES SABIAS

El arte de vivir en tiempos de cambio

PAIDÓS
Barcelona • Buenos Aires • México

Diseño de cubierta: Departamento de Arte y Diseño, Área Editorial del Grupo Planeta
Fotografía de cubierta: © Plavevski-Shutterstock

1ª edición, junio 2015

No se permite la reproducción total o parcial de este libro, ni su incorporación a un sistema informático, ni su transmisión en cualquier forma o por cualquier medio, sea éste electrónico, mecánico, por fotocopia, por grabación u otros métodos, sin el permiso previo y por escrito del editor. La infracción de los derechos mencionados puede ser constitutiva de delito contra la propiedad intelectual (Art. 270 y siguientes del Código Penal). Diríjase a CEDRO (Centro Español de Derechos Reprográficos) si necesita fotocopiar o escanear algún fragmento de esta obra. Puede contactar con CEDRO a través de la web www.conlicencia.com o por teléfono en el 91 702 19 70 / 93 272 04 47

© 2015 Elena García Quevedo
© 2015 de todas las ediciones en castellano,
Espasa Libros, S. L. U.,
Avda. Diagonal, 662-664. 08034 Barcelona, España
Paidós es un sello editorial de Espasa Libros, S. L. U.
www.paidos.com
www.planetadelibros.com

ISBN: 978-84-493-3138-1
Fotocomposición: Víctor Igual, S. L.
Depósito legal: B. 11.576-2015
Impresión y encuadernación: Limpergraf, S. L.

El papel utilizado para la impresión de este libro es cien por cien libre de cloro y está calificado como papel ecológico

Impreso en España – *Printed in Spain*

¡Vive peligrosamente! ¡Vive como escojas! El dato objetivo es el ritmo del corazón, que te da una pista con respecto a dónde está tu límite y tu verdad.

Iñaki Gabilondo

Todo tiene remedio pero hay que encontrarlo. No hay ningún desafío que esté más allá de la capacidad creadora de la especie humana. El pasado ya está escrito, pero el porvenir está por hacer.

Federico Mayor Zaragoza

A veces sentimos que lo que hacemos es tan solo una gota de agua en el océano. Pero si no la aportáramos, el océano la echaría de menos.

Teresa de Calcuta

Sumario

Prólogo

Atravesamos un tiempo de cambio rotundo que unos viven con temor y otros ven como oportunidad. Al igual que los gusanos se convierten en crisálida, el sistema metamorfosea y nosotros con él. El cambio de valores, la crisis ecológica del planeta y el jaque mortal al sistema de bienestar hacen que, como decía José Luis Sampedro, otro mundo no solo sea posible sino seguro. ¿Qué hacer? ¿Cómo salir adelante? ¿A qué aferrarse? ¿Qué debemos dejar ir o hacia dónde debemos dirigir la brújula personal para crear nuestro lugar en el mundo cuando todo parece venirse abajo? Estas han sido preguntas recurrentes que a lo largo de los años he realizado a personas de edad reconocidas en sus respectivos ámbitos por su sabiduría ancestral, por haber afrontado experiencias difíciles y haberlo hecho bien, o por haber heredado claves de vida de las generaciones que les precedieron.

Pero el reto con este libro era un tanto diferente. El día que firmé el contrato estaba llena de escepticismo de la misma forma que hoy, cuando escribo las últimas páginas, me siento llena de esperanza, de amor y de admiración por la vida. La diferencia entre entonces y ahora son los meses dedicados a la escucha y la redacción de los retratos de personas excepcionales, en cuyas entrevistas han analizado el mundo en el que estamos al tiempo que hablaban de sus propias claves vitales.

Inspirada por el psicólogo Wayne Dyer partí de la tesis de que la ley de flotación se descubrió al observar objetos que no se hunden. Deduje que para afrontar este momento de cambio debía fijarme en personas de edad que hubieran alcanzado el mayor éxito personal y profesional, pero también que a lo largo de sus propias vidas hubieran tenido que superar crisis personales, enfermedades o algún tipo de obstáculos que parecían imposibles de superar. Partí de la intuición de que todos ellos tenían algo en común que quizá pudieran traducir en palabras. Y, por último, comencé con un pequeño defecto: nunca me interesaron las personas famosas. Por ello, cuando Elisabet, la editora de *Voces sabias*, me pidió que hiciera un índice rápido de las personas a las que iba a retratar, me limité a proponer profesionales de edad de primerísima línea cuyas obras o descubrimientos han supuesto un antes y un después para todos nosotros, pero cuyas vidas, puestas unas detrás de otras, sirvieran además para hacer memoria del pasado bélico del que venimos, crearan un abanico de voces cuya diversidad aportara cierta perspectiva sobre el momento que atravesamos y, finalmente, sirvieran para darnos pautas con las que plantearnos nuestros propios caminos personales.

Hice el listado de personalidades, crucé los dedos y fui tras ellas sin estar demasiado convencida. Pero a medida que evolucionaban las entrevistas descubrí lo mucho que estas personas tenían que enseñarnos y lo mucho que yo misma tenía que aprender. Cada uno desde su ámbito era crítico con el momento en que estamos, y la mayoría de ellos tenían tras de sí una gran historia de superación personal, que a veces estuvo a punto de destruirlos. A medida que escribía comencé a pensar en ellos como héroes y heroínas, no por su fama o su éxito, sino por la forma en que han tejido su propia historia personal y han superado las crisis, han afrontado las enfermedades, han descubierto su voz o han sacado lo mejor de sí mismos y de los demás. Bajo su luz ha crecido este libro.

Escribo las últimas líneas con la sensación de que lo más importante para todos ellos es la alquimia de los afectos que a todos nos impulsa, pero con la que ellos han sabido alimentarse y crecer. «Todos tenemos dones y defectos, a un lado está la luz y en el otro la oscuridad», decía Núria Espert. El amor a la familia, a los amigos, a uno mismo, a lo que hacen y hasta a la vida en sí misma, ha formado parte de todos ellos como un árbol forma parte de su raíz. «¿Cómo afrontar un tiempo en el que todo parece venirse abajo? Hay que cuidar los paladares, las burbujas personales, los afectos», decía Gabilondo, quien tras superar un cáncer de colon ha llegado a la conclusión de que uno de los grandes motivos para mantenerte en tu eje cuando todo se viene abajo es la conciencia de los demás, saber que las otras personas están ahí y que nunca estamos solos. Por su parte Núria Espert añadía: «Habré hecho muchas cosas mal en la vida, pero lo importante lo he hecho bien», y a continuación enumeraba las personas clave en su vida, algunas de las cuales murieron hace años, pero a quienes aún hoy continúa sintiendo cerca. «Vivo amorosamente», afirmaba José Luis Sampedro, para quien gran parte del sentido de sus últimos años de vida estaba en nutrir a los demás con su propio decaimiento.

Hay algo que no he dicho acerca de mi motivación al escribir el libro y que es importante, y es que empecé a realizar las entrevistas poco después de ir a visitar a un familiar lejano y encontrarlo solo en su casa a punto de morir. Hacía más de veinte años que no nos veíamos. Él aún no había cumplido los 70 y durante varias horas fui la única persona que estuvo a su lado. Se llamaba Rafael y en sus últimos años no había sido feliz. Rafael se convirtió en una inspiración para mí, pues ha estado presente en todas y cada una de las entrevistas. Gracias a él comprendí mejor a Iñaki Gabilondo, cuya vida no podría entenderse sin su estrecha relación con la muerte y la enfermedad; comprendí a Federico Mayor Zaragoza, que suele citar una frase acerca de que, cuando morimos, no nos llevamos nada al otro lado; su espíritu me acompañó también al laboratorio de Margarita Salas y a la casa de Núria Espert, cuando ambas hablaban de sus maridos muertos como si aún estuvieran a su lado. Y, por supuesto, me llevó a recordar aquellas palabras que solía repetir José Luis Sampedro en sus últimos años de vida: «Hazte cada vez más quien eres. Yo me sigo haciendo aún».

A lo largo de los meses de entrevistas, que he vivido como un regalo personal, he escuchado repetir la palabra *gracias* a todos los personajes entrevistados como si la gratitud constante fuera una pieza clave para vivir de forma plena. «Gracias a la vida que me ha dado tanto», cantaba para mí Joaquín Fuster. «Gracias a Lola, a mis padres y a mis hijos», decía Gabilondo. «Tendría que hacer un listado larguísmo de las personas y hechos a los que debo dar las gracias», afirmaba Núria Espert. Por su parte, Federico Mayor Zaragoza da continuamente las gracias cuando habla de las personas que le han enseñado tal o cual cosa. Margarita Salas se lo agradece a Severo Ochoa, su mentor, y a su marido: «[Sin él] no habría llegado donde estoy». También la palabra *suerte* ha revoloteado constantemente en las entrevistas como mariposas sobre una flor. Esa suerte que ha abierto puertas, ha ofrecido oportunidades y ha permitido brillar a muchos de los entrevistados. «Quizá sea por el perfil de gente que has escogido. A lo mejor para llegar a esta línea hay que brillar. Puedes ser muy bueno pero para brillar tienes que tener suerte», me decía Núria Espert. Sin embargo, a esa suma de casualidades que ella llama suerte, yo prefiero denominarla inspiración, entrega y amor por lo que haces; algo que nutre, abre puertas, detona la magia y hace crecer. Margarita Salas es feliz en su laboratorio y para ella no existe nada más. Iñaki Gabilondo sabe que tiene mucho éxito, «y estoy agradecido por ello, pero lo importante es lo mucho que he disfrutado al hacer el programa». Vicente del Bosque nunca soñó con dedicarse al fútbol, pero «cuando era niño y jugaba se me olvidaba que tenía que ir a comer».

En cambio, cuando conocí a Joaquín Fuster, muchas de las piezas encajaban. Responsable de importantes hallazgos en la ciencia del cerebro pero, sobre todo, capaz de vivir una vida plena a sus 84 años, Fuster se ha aplicado punto por punto sus propios descubrimientos acerca del funcionamiento del cerebro. A base de crear hábitos ha moldeado su vida en torno a aquello que le hace sentirse bien. Tras más de cincuenta años de casado para él su esposa sigue siendo su amor, pero además aprende a tocar el piano porque le encanta la música, cuida su alimentación, nada una hora al día, trabaja en sus escritos, mantiene una consulta psicológica itinerante y de carácter gratuito para enfermos sin medios, visita a pacientes, enseña a nuevos estudiantes y cuida las relaciones con sus hijos y nietos, con sus colegas y amigos. «Cuando estás con un amigo, las penas se dividen por la mitad y las alegrías se multiplican», me decía.

A lo largo de los meses me sorprendió descubrir que algunos de los valores que Fuster denomina evolutivos —como la generosidad o la bondad—, aquellos que nos hacen sentir bien porque están fijados en nuestra memoria neuronal para sobrevivir como especie, son una constante en la vida de la mayoría de los entrevistados. Para mi sorpresa he escuchado decir a la mayoría de ellos cosas como que «la bondad gana partidos», como decía Vicente del Bosque, o «la importancia de la conciencia de los demás», según Iñaki Gabilondo, o que, como reflexionaba Miguel Delibes Castro, es preciso «actuar en coherencia con lo que crees».

Ahora, cuando todas sus palabras forman parte de mi memoria y doy las gracias a cada uno de los entrevistados por haberme nutrido con sus voces, viene a mí una frase de José Luis Sampedro acerca de lo relativo que es todo, porque no hay una verdad, cada uno tiene la suya propia. También las palabras de Núria Espert: «El amor se transmite a todo lo que haces».

Existe un hilo que pasa de generación en generación desde el principio de los tiempos y que, sea cual sea el tiempo que nos toque vivir, permite tejer el presente. Se trata del hilo de la memoria que, como el ADN, lleva dentro las claves necesarias para reproducir la esencia de la vida. Pero el sistema de consumo ha cortado el hilo y ahora son muchas las personas que afrontan este rotundo cambio de ciclo con una sensación de despiste, de desasosiego y hasta de depresión. ¿Qué podemos hacer? ¿Con qué debemos quedarnos y qué debemos dejar ir? ¿Cómo podemos crear nuestro lugar en el mundo en un tiempo en el que todo parece venirse abajo? El hilo, que está a punto de enhebrar en ti, solo puede transmitirse y recogerse a través del amor.

JOAQUÍN FUSTER

El hábito como herramienta para crear tu realidad

Si siembras un pensamiento cosecharás una acción.
Si siembras una acción cosecharás un hábito.
Si siembras un hábito cosecharás un carácter.
Si siembras un carácter cosecharás un destino.

Anónimo

Es tejer con hilo nuevo, no con el hilo viejo, no con lana vieja. No es con hábitos viejos ni con automatismos como se hace el cambio. Se cambia con hábitos nuevos y creadores: del pasado hacia el futuro.

Joaquín Fuster

Las redes se forman a través del hábito, las conexiones nacen con el hacer; todo esto no se aprende pedagógicamente ni a base de leer en los libros. Es la práctica del hacer la que crea redes neuronales.

Joaquín Fuster

Los largos dedos del doctor Joaquín tocan una a una las teclas del piano hasta lograr engarzar la melodía con la que su esposa, «su amor», guía la clase. Dice que es el niño menos joven de todos los alumnos y el más desaventajado, pero también el único que siente cada nota como parte de su vida y del viaje que le ha llevado a perseguir el tesoro con el que soñó cuando era muy joven, aquella intuición que para muchos parecía inalcanzable. El doctor Joaquín, abuelo de seis nietos y padre de tres hijos, ahora toca con el mismo mimo el do-re-mi-fa-sol-mi sostenido que durante años utilizó para estudiar la red neuronal, los engarces físicos que crean el andamiaje de la identidad, la red instrumental de la gigantesca orquesta que en cierto modo es el cerebro, ese gran habitáculo donde la memoria duerme en diferentes partituras como la obra de un gran compositor a la espera de una clave que la sepa despertar. Y suene. Joaquín encontró la más vanguardista orquesta de la conducta y ciertas claves para afinarla. «Tengo tantas cosas que contar.»

Estamos en pleno barrio de Westwood, en el luminoso departamento de Psiquiatría de la Universidad de Los Ángeles. La historia personal de Joaquín y de cómo encontró su tesoro —que ahora forma parte de los tesoros de la humanidad— está unida a esta tierra como un árbol a sus raíces. Este lugar ha mamado del rancho de San Pedro, cuyos dueños becaron al joven Joaquín para que investigara el cerebro y la psique. Aquí se unió como investigador a científicos pioneros en el camino que él quería recorrer. El joven era médico, hijo de un prestigioso psiquiatra barcelonés, nieto del hombre que apostó por llevar su saber a los más humildes, pero ante todo el hoy abuelo de seis nietos, Joaquín, para muchos el eminente doctor Joaquín Fuster, era un joven inquieto que albergaba en su memoria un meticuloso conocimiento científico del cuerpo, las eternas preguntas del alma y una enorme sensibilidad que le permite emocionarse con determinadas piezas musicales. Amaba —y ama— la música clásica, a Johann Sebastian Bach y a una mujer.

Era 1953, vivía en Austria rodeado de ópera y tenía dos grandes sueños que persiguió como quien sigue las indicaciones de un mapa, pero este era el mapa de su vida. El primero era profesional: «Todo empezó con el cerebro, que para mí era lo más interesante. Busqué dónde poder investigar y en California me dijeron: "¡Vente! Pero no hay dinero". Busqué el dinero y lo encontré». El segundo gran sueño del doctor Joaquín Fuster tenía que ver con su propio corazón, al que no estaba dispuesto a traicionar: «Mi esposa, mi amor, ella me esperó durante año y medio. Todos decían que yo no regresaría, pero ella no hizo caso y yo regresé».

Han pasado más de cincuenta años y el joven Joaquín es hoy don Joaquín Fuster, uno de los más grandes neurocientíficos del mundo cuyos hallazgos han cambiado para siempre la perspectiva del cerebro y del ser humano, y también un hombre reconocido por su sabiduría. A lo largo de más de cincuenta décadas ha tratado como médico a miles de personas, ha explorado en profundidad lenguas y culturas diversas, ha viajado y, sobre todo, se ha permitido protagonizar una vida que, desde mi humilde perspectiva, ha sido y es una gran aventura que le ha permitido superar una a una las crisis y seguir adelante. «No me han faltado las contradicciones ni los problemas. ¡Claro! A veces con falta de dinero, que también se ha ido superando. ¡A Dios rogando y con el mazo dando!»

Encuentro a Joaquín en un momento en que los medios de comunicación cantan crisis —política, social, económica, nacional— en la piel de toro, Europa parece abocada al enfrentamiento entre Este y Oeste con Ucrania herida mortalmente, y la sangre acaba de manchar París con un escalofriante atentado yihadista. Las malas noticias llenan las conversaciones de bares, paradas de autobús, teterías, restaurantes y encuentros de amigos, y da la impresión de que los cuatro jinetes del Apocalipsis parecen dispuestos a cabalgar en cualquier momento. «¿Sabes lo que pasa? Pues que con una crisis de confianza se va todo al carajo. Está todo muy mal porque nadie se fía del prójimo», dice el doctor Fuster. Es invierno, el frío arrecia y nos disponemos a reunirnos varias horas durante varios días a través de las redes. Llevamos meses de contacto virtual, pero para mí este encuentro parecía imposible. Sin embargo, el eminente científico, amante de los retos grandes y pequeños, ha logrado instalar un nuevo programa en el ordenador y ahora nos citamos por Skype sin que importen los kilómetros. ¡Estos son nuevos tiempos! Quizá por ello, después de tanto corre que te corre, cuando hago clic en el teclado para dar paso a su rostro, tengo la sensación de encontrarme con un viejo amigo. Su imagen sonriente aparece y explota en una gran carcajada.

—¡Por fin nos encontramos!

Tiene 84 años, el pelo blanco y liso, la costumbre de reírse a carcajadas cada pocos minutos y de contar chistes para salir de una pregunta incómoda o para hacerse entender en el más puro estilo del buen orador. Pero también tiene esa sutileza de quien ha tratado con todo tipo de gente y le gusta hacerlo; de quien ha afrontado todo tipo de situaciones y no se ha echado atrás. De quien ha encontrado su tesoro aunque no le haya resultado fácil. Ríe de nuevo y su risa se me contagia hasta que no puedo parar de carcajearme sin motivo. Sus ojos son vivos y azules, su piel es clara y está bien cuidada, las cárcavas del tiempo apenas han hecho mella en él. Transmite equilibrio, orden, armonía; un Ulises maduro sentado en el trono, es —pienso— un Ulises muy sabio que en gran parte ha moldeado su vida a la luz de sus propios hallazgos en torno a la psique y al cerebro; a través de los hábitos que, como bien sabe, también moldean la forma de percibir y vivir el mundo. Porque él sabe que las claves para mantener en forma el cerebro son «la actividad física, mental y social así como una buena alimentación, ser consciente de que la mente inhibe la memoria que sobra para dejar paso a la nueva», y eso —el olvido— nos puede hacer más felices, pero además hay que tener en cuenta que necesitamos incentivos, impulsos e ilusiones para seguir adelante; y este hombre de mirada esmeralda es de los que están llenos de ilusión por todo. ¡Y a mí me contagia!

Esta mañana, como todos los días, se ha levantado a las siete en la calle Pesquera, donde vive, muy cerca de Los Ángeles. Tras los cristales ha contemplado la montaña y el bosque, ha sentido la sequedad del ambiente porque apenas ha llovido y se ha sentido bien al observar su jardín, que está lleno de colores porque las caléndulas, las rosas y las primorosas están en flor. Ha tomado sus vitaminas habituales —C y A, omega, magnesio, glucosamina para huesos y articulaciones—, su tortilla, los cereales, el zumo de naranja y un buen pedazo de jamón serrano y de chorizo cuyos sabores, cuando cierra los ojos, le conectan directamente con su Barcelona natal y con la calle Mallorca donde nació. Y por la tarde irá a nadar, recibirá a pacientes y colaboradores y trabajará en sus escritos. Pero ahora, ya en su despacho de la Universidad de Los Ángeles, donde es catedrático emérito, viste bata blanca y la luz entra a borbotones por los ventanales. Fuera el aire agita las hojas de los viejos árboles que parecen entonar una melodía musical con el susurro de quienes pasaron por aquí.

Son las diez y media de la mañana para él y nueve horas antes para mí; estamos separados por miles de kilómetros pero en un abrir y cerrar de ojos me consta que Joaquín Fuster está completamente en el mundo, enterado de las corrientes que mueven la psique colectiva e implicado en el tiempo de cambio que vivimos. Hablamos sobre el cambio de paradigma que parece vivir nuestra cultura y comenta: «Sí, hay un cambio en todas esas variables de las que me hablas. Pero hay algo bueno en todos estos cambios y es que en todos los estamentos hay una conciencia colectiva cada vez más acusada de que las guerras no sirven para nada». Hablamos también de economía europea. «Esta mañana he leído que van a desconectar el franco suizo del euro, lo cual va a ser un desastre para todo el mundo. Es una mala idea.» Hablamos sobre el efecto de la crisis en las ganas de vivir de los más jóvenes y dice: «¿Sabes lo que pasa? Que hay mucho entusiasmo frustrado. Muchos jóvenes parecen viejos». Hablamos también de la vida cotidiana con su esposa: «Tenemos una vida social no muy extensa pero sí muy buena. Tenemos una vida artística muy buena, vamos a la ópera y a conciertos de cámara; tenemos una visión enorme de las lenguas. Esto sirve para activar la mente». Y, sobre todo, hablamos de lo que él más conoce, del tesoro que alberga el cerebro, y en un periquete me hace ver un aspecto clave: «El cerebro es un músculo de enorme plasticidad, moldeable», me dice.

—¿Te cuento un secreto?

—¡Me encantan los secretos!

—Mi esposa, mi amor, y yo hablamos una lengua distinta cada día de la semana. El lunes es francés; martes, alemán; miércoles, castellano; jueves, italiano; viernes, inglés; y sábado y domingo, catalán. Es entonces cuando nos peleamos.

—¿Os peleáis en catalán?

—No nos podemos pelear en otras lenguas porque ninguna la hablamos realmente bien. Nos divertimos mucho y vamos todo el día con diccionarios en los brazos.

—¡Qué hermoso!

—Una lengua es mucho más que una manera de hablar. Una lengua es una cultura y es extraordinariamente interesante cambiar de cultura de día en día. Hablamos en la lengua del día y por la noche leemos libros, artículos, cuentos, vemos vídeos en esa lengua. ¡Entramos en la otra cultura! Además, hemos viajado bastante. El lenguaje es la actividad más elevada en la evolución y tiene mucha relación con la corteza prefrontal, que es lo mío.

—¿Experimentas con tu propio cerebro?

—A mí me gusta mucho experimentar con mi propia mente. —Ríe a carcajadas como si contara un chiste—. Una de las cosas más desagradables de este juego es ver que mi memoria no es tan buena como era antes.

A media mañana suya, cuando la noche se cierne sobre el centro de Madrid, el doctor Joaquín mira de frente la pantalla y en sus ojos esmeralda brilla una fina inteligencia que lo llena todo. Se trata de la misma agudeza que le ha ayudado a ver más allá de los 20.000 millones de neuronas que tiene el cerebro y saber que una a una no tienen mucho sentido sino que la clave está en las redes neuronales; es ahí donde duerme nuestro conocimiento y nuestros recuerdos. Cada persona tiene sus propios códigos y recuerdos, pero también están las memorias comunes de familia, grupo, cultura, ambiente, sentidos o leyes de léxico, etcétera. Hay redes neuronales que rigen la conducta ética. El sentido de la justicia, de la moralidad, el respeto a los demás y desde luego la intolerancia de la crueldad, del odio; todo ello está en el cerebro. El cerebro es una especie de orquesta con millones de músicos-neurona donde cada uno toca su instrumento y se asocia a unas u otras para interpretar ciertas partituras, ciertas acciones o recuerdos. La orquesta de la identidad tiene 20.000 millones de músicos y, mientras vivimos, tocan a cada instante en el interior de nuestro cerebro.

—Lo que más ha ocupado mis labores ha sido la corteza prefrontral, que es la vanguardia de la evolución. En nuestra especie las conexiones neuronales se han desarrollado de un modo exponencial. El cerebro es la vanguardia de la evolución y la corteza prefrontal es la vanguardia del cerebro. El ser humano es el único que tiene la capacidad de imaginar y formar nuevas secuencias de conducta o de lenguaje con un propósito determinado. Esto es importante porque los hábitos se hacen automáticos. Se trata de crear nuevas secuencias con un propósito, y esto es algo nuevo.

—¿Hablas de la posibilidad de tejer nuevas formas de ver la vida? ¿Es que se puede moldear la mente?

—Sí. Es tejer con hilo nuevo, no con el hilo viejo, no con lana vieja. No es con hábitos viejos ni con automatismos como se hace el cambio. Solo se consigue cambiar con hábitos nuevos y creadores. La creatividad es otra de las hijas de la corteza prefrontal. Se trata de hacer algo nuevo basándose en lo viejo o de hacer algo nuevo con lo viejo porque no hay nada totalmente nuevo bajo el sol; es decir, ir del pasado hacia el futuro.

—¿Cómo se construyen los sueños hoy para que sean realidades mañana?

—Las redes se forman a través del hábito, las conexiones nacen con el hacer; todo esto no se aprende pedagógicamente ni a base de leer en los libros: es la práctica del hacer la que crea redes neuronales. «Caminante no hay camino, se hace camino al andar», es de Machado. —Se lleva las manos al corazón. Primero una y después la otra—. Todo mañana se funda en lo que pasa hoy. Las redes se forman con una cierta paz interior que permite poner tus sueños en forma de manera que sean fructíferos y reales el día de mañana. Recuerda que el camino solo se hace caminando. Úsalo o piérdelo; no hay otra manera de decirlo.

»Hay que ejercitar la ilusión, la vida positiva y los valores para que formen sus redes, porque si no se practica este ejercicio se pierde la capacidad de hacerlo.

—¿Cómo puede crear nuevos mapas mentales alguien sin esperanza?

—Hay núcleos de la sociedad que tienen como objetivo cambiar el mapa malo y hacerlo bueno; y esto puede aprovecharse. Hay estamentos sociales y relaciones sociales que son positivas: familia, amigos, clubes, sociedades altruistas, Cruz Roja, iglesias...; lo que sea. Se trata de encontrar amigos y gente en la que confías. Por ejemplo, yo soy científico y muchos de mis amigos son gente de ciencia, y me gusta hablar con ellos y cenar con ellos, animarnos los unos a los otros con lo bueno de la vida. ¿Conoces la canción de Violeta Parra?

El doctor Joaquín Fuster, don Joaquín, se lleva por instinto la mano al corazón y a coro, él en Los Ángeles y yo en Madrid, entonamos una de las más hermosas canciones de gratitud a la vida que se hayan compuesto nunca: «Gracias a la vida que me ha dado tanto. / Me ha dado la risa y me ha dado el llanto, / así yo distingo dicha de quebranto, / los dos materiales que forman mi canto. / Y el canto de ustedes que es el mismo canto, / y el canto de todos que es mi propio canto...». El tarareo y la gratitud que entona se quedan impresos en el aire, y él continúa: «Tengo firmado un disco por su hija Isabel, chilena. Eso sí que lo he hecho mucho, viajar, viajar y conocer a mucha gente en todas partes. Créeme, hay gente buena en todas partes.

—¿Qué es la higiene mental?

—Higiene mental son todas aquellas actividades humanas que resultan placenteras y ligan a las amistades. Higiene mental es hablar con un amigo de cosas buenas y así multiplicarlas por dos; hablar con un amigo de las penas es dividirlas por dos. La amistad multiplica las alegrías y divide las penas. ¿Te gusta la música?

El doctor Joaquín, el abuelo Joaquín, deja la palabra en el aire como quien acabara de marcar una dirección o de sacar de sus bolsillos la brújula capaz de marcar el Norte. A lo largo de toda su vida la música clásica ha sido el billete certero hacia la sensación de plenitud que le ha permitido atisbar los límites de lo inexplicable. Y se lo ha inculcado a su familia. «Soy miembro de los amigos de la Ópera de los Ángeles, donde tenemos muy buena ópera bajo el patrocinio de Plácido Domingo. Mi esposa enseña a los niños a tocar el piano. «Mi nieto es un experto en Bach y está a punto de entrar en el *college,* en la Universidad de Loyola, cerca del aeropuerto de Los Ángeles; es un especialista en clavicémbalos, los compra, vende y decora. Mi nieto Joaquín, que tiene ahora 20 años, toca maravillosamente. Me acompaña a muchos conciertos. Ayer escuché el *Cuaderno de clave de Anna Magdalena Bach.*» La música clásica, y concretamente Johann Sebastian Bach, activa en el doctor Fuster deliciosas redes neuronales hasta llenarle de confianza. Y se nota.

—La confianza en los seres humanos tiene consecuencias importantes. Si se te va la fe y la confianza te quedas deprimido y no haces nada más que llorar.

—¿Qué es la confianza? ¿Por qué es tan importante para armar la vida?

—La confianza se crea al nacer. Lo primero que hace el niño es llorar y después palpa el pecho de su madre. Ahí nace la confianza porque sin la madre el individuo está indefenso, es vulnerable y se muere. Cuando el niño crece descubre que la confianza que aprendió en su casa también funciona y que es importantísima para crear toda clase de relaciones humanas. La confianza es una virtud atávica que se ve en el monito igual que en el humano recién nacido. Pero cuando falla la confianza nada funciona y todo el barco se hunde. El partido político, el matrimonio se van a pique; la mayoría de los divorcios tienen como raíz la falta de confianza.

—¿Cómo podemos cambiar el mapa de la desconfianza por confianza?

—Cambiando el mapa mental y las relaciones: cambiar los tipos de ambiente en los que uno se mueve, desplazarse a grupos más comprensivos y afines a uno mismo; buscar aficiones afines a uno mismo, bien sea jugar a cartas, hacer algún deporte o lo que sea. Como decía Churchill, más vale ser optimista, porque la alternativa no tiene sentido.

Joaquín Fuster vuelve a explotar en una gran carcajada contagiosa. Sus risas llenan las dos habitaciones —la suya y la mía— como un montón de cascabeles. Después calla. Estos días los periódicos están llenos de noticias sobre corrupción, que mancha todos los estamentos. Desde el ojo del gran hermano mediático nada parece merecer confianza.

—¿Sabes lo que pasa ahora?

—¿Qué?

—Que muchos valores fundamentales han perdido prestigio. Uno de ellos era la ética del trabajo y el entusiasmo por lo que se hace. Siempre digo a los jóvenes que no emprendan una carrera si no tienen pasión por ella, porque es perder el tiempo y angustiarse inútilmente. En Europa se ha perdido la confianza mutua, el trabajar juntos como colectivo se ha perdido junto con la confianza. Con una crisis de confianza se va todo al carajo. Está todo muy mal porque nadie se fía del prójimo. El banquero no se fía del cliente y viceversa, ni el cura del fiel, ni el católico del Papa, ni el director de empresa de sus empleados. Tenemos que volver a la evolución y al origen. ¡Hemos de involucionar! La confianza nace y viene de la evolución porque comienza con el niño apegado a la teta de su madre, ahí es donde empieza. Hay que tener confianza en que los demás tienen tus intereses cerca del corazón. Cuando uno se enfrenta a la vida sin entusiasmo ni amor, sin energía, es muy duro y todo se transforma en qué puede hacerse para tratar de conseguir un retiro digno. No es una vida que mire al futuro con ilusión.

—¿Qué papel ocupa la confianza en la creación de nuevos mapas mentales?

—La falta de confianza es la raíz del pesimismo. La confianza en el prójimo es imprescindible, pero ahora resulta que nadie se fía de nadie. La corrupción provoca cinismo y desconfianza, crea prejuicios y desconfianza acerca de lo venidero. El mapa mental está distorsionado porque los jóvenes han perdido la ilusión y la convicción de que el trabajo cunde. ¿Comprendes?

El abuelo Joaquín, Joaquín Fuster, ahora clava su mirada en la pantalla para hacerme llegar toda la carga de sus palabras y mi memoria neuronal me habla de paro en la llamada nueva generación perdida, de los jóvenes en la universidad con la certeza de que a la salida no encontrarán trabajo, de desalojos, de los muchos amigos y amigas que en los últimos años han emigrado. De mis jefes en la calle y la inenarrable impotencia de no poder poner bases a tu vida. Y esa inseguridad que crece cuando de ninguna forma encuentras un trabajo digno pese a haber cumplido por demás con el pacto social. Claro que comprendo. Ojalá no comprendiera. Hace más de cincuenta años Joaquín Fuster también emigró para poder cumplir su sueño.

—Soy una mujer de mi tiempo, claro que comprendo. ¿Y cómo podemos alimentar la confianza?

—Todo lo que representa compensación, recompensa, es un *big bang* positivo de algo bueno. Todo ello aumenta la capacidad para hacerlo mejor la próxima vez, la confianza y la fe en uno mismo; la convicción de quc no solo volveré a hacerlo sino que lo haré mejor todavía.

—Hay familias con baja autoestima que por eso mismo programan a sus hijos para el fracaso.

—Y hay otras familias que programan a sus hijos para el éxito.

La familia de Joaquín Fuster le preparó para el éxito. Su padre era un eminente psiquiatra con una clínica en Barcelona. Médico también es su hermano, Valentín Fuster, que dirige uno de los más prestigiosos hospitales de cardiología del mundo en pleno corazón de Manhattan. «En Barcelona éramos cinco generaciones de médicos. Unos quince médicos», dice. Joaquín Fuster creció con la memoria del éxito impresa en sus neuronas, pero también con la confianza que da saberse apoyado por una familia, la suya. Emigró a Estados Unidos porque solo allí podría realizar sus sueños, pero mantuvo sus raíces familiares cerca y aún hoy las mantiene. «Tenemos muchas reuniones de familia. El lunes, que es día de fiesta aquí, celebramos el cumpleaños de mi nieta Vicki y mi nuera María, que es de Zacatecas, México. Tengo un hijo médico que está en San Diego, especialista en pulmón e investigación del cáncer. Está casado con una sueca y tiene unos niños preciosos. Una niña rubia y otra morena y un chico que es mayorcito, de 11 años. Hace cinco años celebramos nuestras bodas de oro, ¡cincuenta años! ¡Es mucho tiempo! Fuimos a un hotel de la costa y vino casi toda la familia de España, de Barcelona y Madrid, donde está mi hermano Alberto. Lo pasamos muy bien. Mis dos nietas suecas se pusieron sus vestidos andaluces y bailaron flamenco. Mi nieto Joaquín, que es el hijo de mi hijo Joaquín, me acompaña a muchos conciertos. Somos cuatro generaciones de Joaquines.» De pronto su imagen en la pantalla se queda congelada de perfil, y se lo digo. Entonces Joaquín Fuster arranca a reír y suelta uno de sus chistes: «Esta es la historia de un hombre que a las cinco de la tarde murió de perfil». Cuando su rostro vuelve a moverse en la pantalla de mi ordenador él me muestra un desplegable que le ha llegado hace poco de Barcelona para demostrarme lo cerca que está de su familia y de la ciudad donde nació. «Me han mandado una felicitación de Barcelona. Mira, es una acuarela, el edificio de Gaudí, la Sagrada Familia.» El abuelo Joaquín, Joaquín Fuster, se emociona al recordar su ciudad natal, su infancia. Emigrar no es fácil. Pero ahora volvemos al presente.

—¿Qué ocurre cuando no existen las caricias en un niño?

—La guardería no puede sustituir el afecto de la madre, que es un afecto desinteresado y plenamente responsable. La responsabilidad de la guardería es cuidar de los niños mientras las madres trabajan, pero no pueden dar el trato que la mente necesita para el desarrollo emocional y cognitivo del niño.

—¿Qué se puede hacer cuando una persona no ha aprendido a relacionarse?

—Esta persona necesita consejo, terapia y aproximarse a la sociedad de una forma u otra. Necesita al médico, al cura, al amigo; el amigo es muy importante para no quedarse aislado. La sociedad actual con los problemas laborales y sucedáneos del placebo como las drogas y los entretenimientos superficiales tiene el peligro del aislamiento.

—¿Se puede cambiar la mente de un niño?

—Sí. Los medios para cambiar la mente son muy amplios y muy diversos: la familia, que es el primer motor de la actividad social, la ley, la ética. Para desarrollarse, el niño necesita comprensión, contacto humano, la dirección del maestro o de la madre. Lo importante es abrir al niño al mundo y a su futuro, hacerle receptivo a los valores y prioridades importantes, entre los cuales está el altruismo, la ayuda al prójimo y el buen samaritano.

—¿Como médico te inculcaron el servicio a los demás?

—Ayudar a los demás, sí. Para ser médico te tienen que gustar mucho los demás.

Los ojos del doctor Fuster se llenan como si la pregunta evocara en él miles de conversaciones de familia, que él mismo provoca. «Lo he hablado con mi nieto —confiesa—, y siempre le digo que si no te gusta la gente no puedes dedicarte a esto.» Joaquín Fuster ha donado a la Universidad de Los Ángeles una cátedra que lleva su nombre —Joaquin Fuster Chair—, ha creado una especie de clínica psiquiátrica ambulante para quienes no tienen dinero, ha facilitado que el laboratorio de investigación donde ha trabajado toda su vida siga adelante e intenta aplicarse el precepto de dar y recibir por una cuestión de higiene mental. Lo intenta hacer bien, pero no por religión o creencia, sino porque conoce bien el cerebro.

—Sueles decir que es importante dar y recibir, la generosidad. ¿Tiene eso alguna relación con nuestra memoria neuronal?

—Es una cuestión de evolución: lo que ayuda al grupo ayuda también al individuo. Las llamadas virtudes no tienen nada que ver con la religión, sino que son bases fundamentales de la convivencia humana. Las más esenciales son las relacionadas con la convivencia y la ayuda al prójimo. Esto tiene una raíz biológica, porque ayudar al prójimo significa ayudar al grupo. La ayuda al enfermo, al desposeído, al desempleado, a quien no ha tenido educación, es algo atávico que va más allá de la religión. —Ríe, consciente de lo disonante de sus palabras en el mundo actual, y su risa llega a través de Skype y estalla en mi habitación—. Muchos me preguntan si creo en Dios y yo contesto que creo en las realidades evolutivas de la sociedad humana como tal.

—«Ama y haz lo que quieras», dices en uno de tus libros. ¿Qué quiere decir?

—La manera de relacionarse con los demás requiere una actitud mental y emocional que sea receptiva, amable. Quiere decir que, para poder sentirte libre de hacer lo que quieras, has de tener respeto por los demás, respeto por el prójimo. Tener libertad de expresión y libertades de todo tipo es algo importantísimo, pero la civilización occidental ha perdido de vista a los grandes pensadores de la Ilustración. Locke, por ejemplo, decía: «No hay libertad sin ley». Ahora está muy bien que un periódico satírico haya tomado el pelo a Mahoma, pero lo que no está bien es pensar que pueda hacerse algo así sin ofender a los demás. Si no hay responsabilidad y no se tienen en cuenta los sentimientos de los demás, es algo peligrosísimo, una ofensa. Hay que ser tolerante con las ideas de los demás y con sus costumbres.

Al otro lado de las ventanas por las que Joaquín Fuster de vez en cuando descansa la mirada se extiende la gran universidad que ha permitido al médico realizar sus sueños. En torno a ella está la gran metrópoli de Los Ángeles. Una Babel donde todas las razas, credos y lenguas convergen y todas se entienden. La convivencia aquí es la opción, y la tolerancia, la única herramienta para llegar a acuerdos. Esta amalgama de culturas se une cada día con el fin común de seguir adelante. Aquí todos son diferentes y por eso mismo todos se saben iguales. Las torres de la nueva Babel sí tocan el cielo.

—¿La tolerancia también se aprende? ¿Tiene algo que ver el hecho de que vivas en Los Ángeles, que es una ciudad cosmopolita, con tu perspectiva de tolerancia?

—De América he aprendido que la tolerancia es importante y necesaria para sobrevivir, que es preciso entenderse con los demás y llenarse de ilusiones, de planes y de guías.

—¿Guías de conducta?

—Las guías son la conducta ética que nace con la evolución. Es algo que tienen los animales y también hemos de tenerlo nosotros para entendernos con los demás y protegernos unos con otros, para poder hacer la vida lo más agradable y fructífera posible.

—¿El perdón es una conducta guía?

—Se trata de las leyes que en nuestra corteza cerebral informan nuestro modo de ser ético con respecto a la conducta social. No hay vida feliz sin generosidad y sin tolerancia, lo cual implica perdón. El perdón es necesario porque representa una reconciliación con la raíz biológica imprescindible para vivir y progresar. Hay redes neuronales que son las redes de la conducta ética. El sentido de justicia, de moralidad, el respeto a los demás y, desde luego, la intolerancia frente a la crueldad y el odio, todo ello está en el cerebro.

—¿Por qué perdonar es una cuestión de higiene mental?

—El perdón es socialmente útil y un acto de generosidad con respecto al enemigo. Es una función adaptativa de la condición humana y por eso está más allá de la moral. El perdón es una cuestión de evolución: algo relativo a la población y no a individuos. Yo no soy partidario de mostrar la otra mejilla, pero a la gente hay que darle siempre el beneficio de la duda. Pensar que han hecho lo que han hecho por factores que desconoces y que han formado su cultura.

—¿Cómo has aplicado este conocimiento a tu propia vida?

—Mira, todo científico con cierto nombre tarde o temprano se topa con la envidia. —Joaquín Fuster choca las manos y vuelve a mirar a la pantalla—. Es algo inevitable porque la envidia es uno de los defectos del ser humano. En varias ocasiones tuve la buena fortuna de encontrar algunos hechos que eran nuevos, pero que la comunidad científica, siempre muy exigente, no aceptaba fácilmente. Cuando descubres algo la primera reacción que recibes es «*It is not truth*» (no es verdad); la segunda es «*it is not new*» (ya lo sabíamos); y la tercera es «*It is not yours*» (no es tuyo). Después hay un proceso hasta que por fin se llega al «*truth, new, and yours*». Este proceso es enojoso, pero hay que vivirlo para llegar a la conclusión de que uno debe perdonar a los infractores porque ellos no han podido conseguirlo. Mantener el rencor es negativo para ti mismo; lo mentalmente higiénico es romper el bucle mental.

El doctor mueve las manos como si borrara una vez más los pensamientos poco higiénicos que a veces le invadieron y que parecen poder atravesar el espacio y llegar hasta mí. El miedo. Entro en él.

—Dicen que el amor es lo contrario del miedo. ¿Qué es el miedo?

—El miedo tiene muchos orígenes, pero es que además hay muchos tipos de miedo. Está relacionado con la ansiedad que supone anticipar los efectos de una cierta acción nociva sobre nosotros. El miedo es sobre todo la presunción sobre el futuro de lo que puede pasar si se produce algo que no nos gusta, que nos duele físicamente, que afecta a nuestras relaciones sociales; todo esto es miedo. Hay partes del cerebro que se dedican a percibir el miedo y las reacciones del organismo. El miedo está relacionado con la depresión, que es una manifestación de la derrota.

—¿Cómo se puede acabar con el miedo?

—El miedo es la cara opuesta de la confianza y la esperanza. Las dos son prospectivas hacia el futuro, como también lo es el mismo miedo, pero son exactamente lo opuesto. Para sobrellevar el miedo es preciso favorecer la esperanza y la confianza.

—¿Qué hace Joaquín Fuster cuando tiene miedo?

—Prefiero eludir la pregunta con un chiste. Un estudiante de anatomía se presenta a los exámenes sin haber estudiado nada en todo el año. Cuando llega su turno el profesor le dice que abra el armario y allí dentro encuentra un esqueleto. «¡Coño, la muerte!», dice el estudiante, y cierra el armario.

La hilaridad vuelve a adueñarse del doctor Fuster, que se quita las gafas y acaricia su rostro al otro lado de la pantalla. Piensa y estalla en una gran carcajada.

—Como John Wayne en sus películas: fuerte, feo y formal. ¡No dejo que el miedo crezca! Primero es necesario definir lo que te da miedo y después ver cómo puedes combatirlo si aparece. Es muy difícil definir lo que uno hace en general y personalmente frente al miedo. Se trata de sublimar el miedo, darle una salida lógica con nuestra existencia, con nuestro trabajo y relaciones. A veces resulta difícil. Pero con una personalidad madura puedes encontrar las fuerzas y valentía necesarias para sobrellevar el malestar que provoca el miedo y mirar el futuro con esperanza y confianza.

—Dicen que vivimos un cambio de paradigma: la política, los credos, los valores y hasta los ecosistemas están en crisis.

—No has mencionado la guerra. —El hombre ríe. Se quita las gafas, cierra los ojos y se los frota—. La guerra es un paradigma que está pasando a la historia, ahí tienes algo bueno. La generación joven es más consciente de los horrores de la guerra y de su inutilidad de lo que lo eran nuestros padres. La prensa no lo muestra, pero hay una conciencia colectiva cada vez más acusada en todos los estamentos políticos de izquierda y derecha de que las guerras no sirven más que para aumentar el sufrimiento de la humanidad y que ya no sirven como negocio. Es un cambio de paradigma positivo. La guerra pasa a la historia en Occidente. En Oriente no tanto, allí no se acaban las guerras.

—¿Por qué piensas tanto en la guerra?

—Porque he visto mucho sufrimiento provocado por la guerra, muchos enfermos, esas experiencias de la Guerra Civil española, y porque no me gusta sufrir. La guerra es muy negativa para el mundo. —Se ríe—. Yo soy alférez profesional del ejército español y sé que la guerra es un mal asunto.

—¿El cine violento o el terror crea miedo en los niños que lo ven así como en la mente colectiva?

—Ir al cine a ver películas de terror una vez por semana es una mala higiene mental. Los niños que ven tanta barbarie pierden la sensibilidad y se habitúan a modos de proceder y actos violentos como si fueran parte de la vida normal. Se trata de una educación negativa. ¡Y no es bueno! Tiene un precio en la educación de la juventud.

—Muchos dicen que este cambio de paradigma también supone el tiempo de la mujer.

—Primero es preciso decir que hay mujeres y mujeres, al igual que existen hombres de todo tipo. Hay ciertas cualidades en la mujer que son beneficiosas para actividades tales como la política. Una de esas cualidades es la intuición, que sirve para las relaciones humanas. La política, queramos o no, se basa en las relaciones humanas. Es difícil generalizar, pero la mujer tiene la capacidad de comprender los aspectos menos desarrollados y más emocionales del individuo. Tiene una conciencia más aguda que el hombre sobre el sufrimiento humano y lo que representa la violencia. Sin embargo, algunas no han sabido comprender bien todas estas cosas y actúan guiadas por el mero afán de poder, nada más.

Joaquín Fuster sonríe y de nuevo su risa me suena a música de trompetas y cascabeles. Cambia el tono. Susurra. Su mente engarza con la memoria de sus emociones. Parece que va a contarme un secreto. «Estoy extraordinariamente agradecido a las mujeres que he tenido en mi vida. Estoy rodeado de mujeres excelentes: mi madre, mi tía, mi madrina, que me acogió como hijo, mi hermana, que es una excelente maestra de escuela... Y la compañera de mi vida, mi mujer, una persona extraordinariamente capaz, inteligente emocionalmente, a la que le encantan los niños. Ayer mismo me enseñó un álbum de fotografías sobre uno de nuestros nietos. Aunque no es científica ella me ha ayudado mucho. Yo he donado a la universidad una cátedra para un profesor, la Joaquin Fuster Chair, y la primera en ocuparla ha sido una mujer. Cuando me jubilé de mi laboratorio de primates, inauguré otro en un edificio nuevo y escogieron a una mujer para sucederme. Y de todos mis hijos, con quien me lo paso mejor es con mi hija. A mi abuela paterna, que era muy buena, le gustaba darme dulces, pastas, chocolate. Ella era una mujer muy astuta, alerta, vivaz, que procuraba siempre no molestar; era irónica y solía decirme con todo cariño: "Tú calla, escucha y aprende". Siempre he estado rodeado de mujeres, y feliz por haberlo estado.» El doctor sonríe como si aún saboreara los pasteles de su abuela. «¿Te gustan los dulces?» La sonrisa de Joaquín crece. Su gesto cambia y se transforma en el de un niño que piensa en pasteles de chocolate negro. «Puedo resistirlo todo menos la tentación. Mi abuela hacía pasteles de chocolate.»

—¿Qué es eso de la intuición? ¿Cómo te ha servido a ti?

—La intuición es razonar a base de señales subliminales, de

gestos, de modos de presentarse; a base de claves casi recónditas. Razonar sobre la actitud de una persona, sobre sus costumbres, historia y futuro. Todo eso es la intuición. Es algo muy bueno, que debe complementarse con inteligencia práctica.

»La intuición me ha servido para empezar la carrera médica, para darme cuenta de que aquellos intereses que tenía sobre el cerebro estaban ardiendo, para saber que habría controversia entre psicoanalistas y biólogos. Yo tenía suficientes conocimientos del sistema nervioso y de la naturaleza humana para intuir que aquí había mucho por hacer. Y lo supe gracias a la intuición. Tuve disciplina y a base de trabajo duramente llegué a conseguir un ambiente a mi alrededor que atraía a otros. Por fortuna conseguí mi primera publicación en *Science* en el año 1958. Además conté con muy buenos amigos que me ayudaron con el laboratorio y el instrumental. Mi intuición me decía: "Esto, por aquí", y así me salí con la mía.

»Gregorio del Amo se portó muy bien conmigo. Tuve la buena fortuna de conseguir ayuda del Gobierno para mis trabajos. La universidad fue muy buena también, lo ha sido durante muchísimos años, ¡casi cincuenta años! ¡Es una barbaridad lo que me han ayudado! Imagínate, estuve un tiempo estudiando y aprendiendo en el Max Planck de Múnich sin perder mi empleo en la Universidad de California, y luego regresé. La intuición me ha servido mucho, pero a Dios rogando y con el mazo dando. Hay que trabajar mucho, aunque el trabajo cundía más entonces.

Alguien llama a la puerta de su despacho y entra. Joaquín Fuster interrumpe su discurso y deja de mirar la pantalla. «Es Shapiro. Ayer le pedí ayuda con esto del Skype y ha venido a ver si va todo bien.» La puerta se cierra y Joaquín Fuster de pronto mira el reloj y se agita. «He de irme, tengo una vida relativamente estructurada.» No dejo que se marche aún, necesito quitarle unos cuantos minutos más de su precioso tiempo. Aún me queda algo por saber.

—¿Cuál es tu sueño?

—Tengo 85 años, los cumplo este año. Y cuando se llega a esta edad, los sueños no es que sean efímeros, pero sí son muy generales y abiertos a la humanidad. Mi sueño es que se acaben las guerras para siempre, sueño con que cuidemos del medio ambiente, que aprendamos a vivir unos con otros. Sueño que se incremente la generosidad. Sueño con que crezca la tolerancia porque sé que muchos de los problemas de hoy son producto de la falta de tolerancia en las industrias y las familias. La tolerancia es muy importante y tener respeto por las creencias e ilusiones de los demás es fundamental: respeto a los valores humanos como a cualquier religión, que no tiene nada que ver con la existencia de Dios, es un hecho humano.

De pronto se hace el silencio. Es tarde, muy tarde, y cae en la cuenta de ello. «Te he contado casi toda mi vida. Ha sido un auténtico placer hablar contigo.» Ríe con su risa contagiosa de trompetas y cascabeles, escucho un clic y la pantalla se queda en negro.

Tras las ventanas se cierne la noche, pero en el ambiente queda algo, como un tenue sonido: el do-re-mi-fa-sol sostenido de una hermosa partitura tocada por una gran orquesta, la partitura mental de un sabio.

JOSÉ LUIS SAMPEDRO

Ser cada vez más quien eres

La acción es tu derecho de nacimiento, no el resultado, no los frutos. No dejes que los frutos de la acción sean tu objetivo, y no te apegues a la inacción. Sé activo y dinámico, no busques recompensa alguna.

Bhagavad Gita

Hazte quien eres: hay que hacerse quien se es, y todos somos distintos. Pero lo que quiera que seas desarróllalo al máximo. Cada cual debe aspirar a ser lo máximo que pueda ser con sus condiciones. Y de esa manera devolverá a la vida de todos la vida que ha recibido él.

José Luis Sampedro

En la vida es más fácil saber lo que no se quiere porque lo que se quiere puede ser un gran abanico de cosas. Y cuando te ocurre algo que no quieres, por de pronto di que no, y si puedes decírselo al que lo hace di no, y si no puedes sigue diciendo no.

José Luis Sampedro

A las diez de la mañana el anciano observa el ir y venir del mar sentado en el salón del apartamento de Mijas donde pasa el invierno junto a su esposa Olga. Ensimismado, rescata una idea y otra y escribe hasta enhebrar un nuevo texto. Está cansado pero entero, acaba de salir de una operación leve pero tiene presente la muerte, aunque no la teme; aún queda algo importante que hacer y dar. Quizá nunca ha sido más consciente de ello que hoy, en este preciso instante. Por eso estoy aquí, ahora lo sé. A sus 94 años le cuesta moverse, pero ya desde hace tiempo, tras un ataque al corazón en Nueva York, está convencido de que a estas alturas de su viaje por la vida, el sentido para él no es para qué vivir, sino para quién vivir. José Luis Sampedro vive para aquellos a quienes nutre; aquellos a quienes su ser ayuda a ser más ellos mismos, incluso con su propia debilidad. Quizá por ello en los últimos meses su voz se ha convertido en el faro de luz de la generación joven que está a punto de tomar las plazas de las grandes ciudades para buscar la brújula de la sociedad en crisis a la que pertenecen, a la que pertenecemos todos. Si estoy aquí es para hablar sobre ellos en la película documental *¿Generación perdida?*, pero el encuentro que tengo por delante con José Luis Sampedro da para mucho más.

—El problema es que si el sistema está en crisis hay que hacer otro sistema. Pero hay que hacerlo al mismo tiempo que se deshace este.

»Esto es como la metamorfosis de los insectos. Usted coge un gusano de seda y lo ve moviendo el cuerpo con dificultad, se lía el hilo a la cabeza, se convierte en un capullo y luego en una mariposa. ¿Qué ha pasado? Pues que al mismo tiempo que desaparecía el cuerpo de gusano se estaba construyendo y manejando el sistema mariposa: los jóvenes tienen que construir el sistema mariposa. Y no lo pueden construir con las reglas de los que son gusano.

»Mire usted, con las piedras de los templos clásicos de la mitología griega se hicieron basílicas cristianas. Y luego con las piedras de las basílicas cristianas los árabes hicieron la mezquita de Córdoba y otras cosas. De modo que se puede hacer la metamorfosis, pero a base de no aceptar las verdades oficiales de ese tipo y decir que no a lo que tienen.

»Seguir como estamos es imposible porque su objetivo es lo que llaman el desarrollo sostenible, que es más de lo mismo, y eso es insostenible. Y no podemos transformar el mundo, porque somos el mundo.

Es viernes por la mañana, las gotas de lluvia caen sobre la tierra de la costa y el mar Mediterráneo cuando Olga Lucas, su esposa, treinta años más joven que él, abre la puerta. Al fondo de la sala José Luis Sampedro observa, frágil y embebido, el mar azul hasta que, pasados unos segundos, reacciona. Pronto Olga y Sampedro me invitan a pasar a una habitación sencilla, blanca y luminosa que parece un despacho de trabajo. Hoy es un día clave para mí, un premio, porque durante muchos años la voz de este hombre y su profunda humildad han supuesto para mí lo que está a punto de llegar a ser para miles de jóvenes: un guía en la noche.

—Hazte quien eres: hay que hacerse quien se es, y todos somos distintos. Pero lo que quiera que seas desarróllalo al máximo. Cada cual debe aspirar a ser lo máximo que pueda ser con sus condiciones. Y de esa manera devolverá a la vida de todos la vida que ha recibido él.

»Para ello debe contar con la ayuda de los que son afines y aprender lo que no debe hacer de quienes no son afines. Y además saber un poco lo que quiere y, sobre todo, lo que no quiere. En la vida es más fácil saber lo que no se quiere, porque lo que se quiere puede ser un gran abanico de cosas. Y cuando te ocurre algo que no quieres por de pronto di que no, y si puedes decírselo al que lo hace di no, y si no puedes sigue diciendo no. Se puede ser más libre dentro de un calabozo que como ministro de un tirano. Al joven hay que decirle que sea él, que se sienta él mismo, que se eduque para tener un pensamiento propio y procure mejorarlo con los demás, que no se crea absoluto pero que se prepare y no acepte lo que está pasando.

»Tengo 94 años y me considero un aprendiz de mí mismo. Todavía aprendo a ser quien soy. Y me moriré sin haber acabado, pero he hecho todo lo posible: hazte quien eres y hazlo fervorosamente. Y hazlo entregado a eso y en solidaridad con los demás, porque sin ellos no somos nadie. Sin doblegarte, sin hundirte, sin ceder, sin creer los inventos de los que quieren explotarte. ¡No te rindas! Trata de vivir en armonía con la naturaleza a la que perteneces. Se trata de vivir esta vida, esa es la cuestión.

»Esta vida es mi referente, esta vida es la que tenemos el deber de vivir, pero tenemos que buscar la libertad, porque sin libertad lo que vivo no es mi vida, sino la vida que me imponen.

»El amor es ansia de vida, ansia de vivir. Amor hacia uno mismo en el sentido de que uno mismo es la vida. El referente es la vida, que es como una semilla. Tenemos el germen de una vida y ese germen tiene que transformarse en árbol. Uno es un germen de vida y debe transformarse en árbol.

José Luis Sampedro, que es muy alto y muy delgado, tiene los ojos tan claros que parecen transparentes, y su gesto afable transmite ternura y cierta paz, al menos hasta que habla. Por algo se siente emigrante de su tiempo. Su mundo de origen desapareció a sus 17 años: Tánger, 1935, el lugar y el tiempo en el que los niños cristianos, musulmanes y judíos compraban golosinas en tres idiomas y vivían en paz. Aunque allí llegó a sentirse solo, también aprendió las claves de por qué la vida es mejor si es suma y cómo sí es posible ser quien uno es. José Luis Sampedro en Tánger conoció la semilla de sí mismo. Para él la felicidad depende de cómo nos relacionamos con nosotros mismos y con nuestro entorno, el afecto es imprescindible; la humildad es la clave para mantenerse en pie, y lo que le hagamos al mundo nos lo hacemos a nosotros «porque somos mundo». José Luis Sampedro siente que la frontera le define y cree que en una polémica las dos partes tienen sus razones.

—Lo que creo que es la verdad es solo mi verdad. La verdad no es objetiva con cosas que no puedes tocar ni demostrar. Hay que pensar en la verdad de cada uno y la frontera me permite tener mi verdad, pero a la vez aprovechar y gozar de la verdad ajena.

—Nuestro sistema se basa en el consumo, que se alimenta de miedo...

—El miedo funciona en casi todo: el miedo es la inseguridad y, en cambio, la civilización o la cultura es la seguridad. La seguridad de que todo es inseguro. Porque todo depende de todo y no podemos controlarlo. Y la seguridad de que la muerte también es segura. Y de que no es lo contrario de la vida: la muerte es la compañera de la vida. El día que nacemos empezamos a morir y hay que saber disfrutarlo, saber vivirlo, porque hay mucho que hacer.

Estamos en una habitación blanca, inmaculada, dentro de un apartamento alquilado en el primer piso de una urbanización. Apenas hay adornos en las paredes, los muebles y lámparas son muy sencillos, y no debe de haber más de dos habitaciones, baño, salón y cocina. José Luis y su esposa viven parte del año aquí, pero también pasan épocas en Madrid, Canarias o Valencia, donde Olga trabajaba como traductora. Se conocieron en un balneario y ahora se mueven con la temperatura y el ánimo, como se mueven los pájaros.

José Luis Sampedro siempre se ha movido mucho: a los 16 años aprobó unas oposiciones para trabajar como funcionario de aduanas. Cambió Tánger por Soria, donde escribió sus primeros versos; vivió en Aranjuez. Y la Guerra Civil le encontró en Santander. Sampedro luchó con un bando y después con el otro; pero al terminar descubrió que ni habían ganado los suyos ni ninguno de los dos bandos era el suyo.

Ha sido catedrático de economía en la Universidad Complutense; profesor de ministros como Boyer, Solbes, Solchaga o Salgado; asesor del Ministerio de Economía en el franquismo; profesor en el Reino Unido, y, aun así, habla del mundo como si él fuera uno más entre los más humildes. Pero además de escritor y humanista es un gran economista; dicen que uno de los más grandes.

—Cuando yo estudiaba economía hace sesenta o setenta años, muchos manuales estudiaban las necesidades humanas y después las actividades económicas para satisfacerlas. Hoy, primero se produce y se inventa y luego se busca qué hacer con el invento: se inventan medicinas y la enfermedad para la que se van a vender esas medicinas. Porque de lo que se trata es de ganar dinero, no de curar nada.

—¿Y el desempleo? ¿Por qué ahora hay tanto paro?

—Cada vez que el sistema produce más máquinas está aumentando el paro.

»El paro es consecuencia del sistema; el paro es lo mismo que el hambre, ¿y por qué hay hambre? Porque no hay redistribución. Hay una explotación por parte de una minoría, que es algo fruto de ceder el poder de los políticos a los financieros.

—¿Por qué los gobiernos aceptan esto?

—Los gobiernos dependen de los financieros. Estos les dan dinero para las campañas de publicidad y les permiten hacer negocios, falsedades, cohechos y todo lo que haga falta, porque hemos sustituido los valores éticos por el interés monetario. Y a los gobiernos les interesa, monetariamente, estar a buenas con los banqueros.

La luz entra por el ventanal y desdibuja sus formas: el azul de sus ojos se vuelve translúcido y, en el rostro de José Luis, se precipita al vacío como el mar de los antiguos. Tomamos té en torno a una pequeña mesa blanca.

—Un día Sócrates fue al mercado y miró a su alrededor... —dice José Luis, y deja la palabra en el aire como el viejo profesor de económicas que es—. Sócrates miró a su alrededor, sonrió al ver tanta mercancía junta, y dijo: «¡Qué de cosas no necesito comprar!».

»El enorme error de la cultura occidental es creer al hombre superior, por encima del mundo. Yo creo que el mundo es uno, que en él vivimos y somos, somos partículas de ese mundo y vivimos como este se desarrolla. Somos una gota en un océano. Y, en estas condiciones, pensar lo que piensa el mundo occidental y lo que piensan los financieros es una locura que acabará cayendo por sí sola.

—¿Qué podemos hacer?

—Todos tenemos no el derecho a la vida, sino el deber de vivirla. Y de afrontar la vida en estas condiciones y en estas circunstancias. Y para eso tienen que liberar el pensamiento. No hay vida personal sin libertad. Y no hay libertad con fraternidad e igualdad si el pensamiento no es libre.

»La alternativa a corto plazo es capear el temporal y sobrevivir; y a largo plazo es cambiar de pensamiento, pensar de otra manera, tener un pensamiento crítico.

—Debemos educar a los niños.

—Pues, mire usted, la educación que hay ahora es para crear productores y consumidores, nada más. En cuanto el niño empieza a hablar empiezan a indoctrinarle, a enseñarle el pensamiento único, el dogma.

»Las palabras clave del mundo oficial de hoy, lo que quieren que aprendamos son: productividad, competitividad e innovación. Pero en vez de productividad, la palabra es vitalidad. Y, en vez de innovación, es conservación. Y, en vez de competitividad, es cooperación. Habría que pensar en asociarnos, vivir pacífica y apaciblemente en este mundo porque esta es la vida que tenemos que ejercer y desarrollar. Para mí, la educación sería rectificadora de la actual: una educación que conduzca a saber vivir en armonía con la naturaleza, porque somos naturaleza.

José Luis Sampedro habla con una gran fuerza, sostiene la mirada y no duda en responder. Su cuerpo está cansado, pero su mente es ágil, rápida; un joven brillante que enseña en la universidad.

—¿Cómo responder a ese indoctrinar? ¿Informándonos?

—Mire usted, por de pronto con el silencio; o por de pronto, con el rechazo. Y mientras tanto, educándonos.

»Información no significa conocimiento. Se puede estar muy informado y no saber qué hacer. El conocimiento no significa comprensión, porque se puede tener conocimiento de muchas cosas y no comprenderlas. La comprensión no significa sabiduría, que es el arte de vivir: este último empieza por borrar toda esa información sobrante.

»Uno no sabe nada hasta el final, y ni siquiera entonces. Uno se va haciendo. Está en marcha y sigue cambiando, pero a la vez sigue siendo siempre el mismo. Igual que el cosmos: involucionamos y vamos tratando de ser quienes somos.

—¿Y la tecnología ayuda?

—Como instrumento, sí, pero no el hecho de estar al servicio de ella. Piense que la vida del hombre o la mujer ciudadana está al servicio de un montón de máquinas: del automóvil, del teléfono, del telégrafo, del computador, de todo. Estamos ya al servicio de las máquinas.

»No es seguro que la vida sea más sosegada, más tranquila y más completa que antes. ¿Quién tiene tiempo para pensar? ¿Quién tiene tiempo para hablar consigo mismo? ¿Cuánta gente habla consigo misma? Me temo que muy poca.

»La técnica, a diferencia del arte, está al servicio mecánico de la inteligencia; el arte está al servicio espontáneo de la vitalidad.

—Hábleme de la importancia del arte.

—El arte es algo prodigioso. Y dentro de la creación humana la razón también es prodigiosa e importante. Pero el arte tiene una espontaneidad especial, consecuencia de un largo aprendizaje. No es que se invente fácilmente. El arte es una proximidad a la profundidad del mundo.

»Del mismo modo, la vida espiritual es una aproximación a la profundidad del mundo. Yo leo a los místicos y estos tienen razón. Pero también es un arte, no un dogma. La prueba es que muchos místicos fueron perseguidos por los teólogos.

—¿Cuál es el papel de las mujeres en el momento actual? Muchos dicen que el cambio vendrá de la mano de las mujeres.

—El papel de las mujeres es educarse femeninamente y no para sustituir al hombre, ni para imitarlo; no para ser sucedáneo ni otro tipo de servidor del hombre, sino para tener la mente libre e independiente.

»La humanidad está todavía por civilizar. Desde Grecia hemos progresado técnicamente de una manera increíble, fabulosa; pero nos seguimos asesinando y matando por ansias de poder o por pequeñas rivalidades.

—¿Cuál es su sueño?

—Yo ahora no aspiro más que a morir en paz sin dar la lata a mucha gente. Sobre todo a mi mujer y a las personas que me quieren. Hacerlo apaciblemente, como es debido y con tranquilidad.

—¿Y su sueño para la humanidad?

—Vivir pacíficamente. Pero no tengo muchas esperanzas.

—¿Es que ha perdido la esperanza cuando dice que no tiene muchas esperanzas?

—No, pero hay que hacerlo.

»Hay que decir no y no, ya está. No es una cuestión de esperanza, sino de creer en la vida, de asombrar a la vida.

»El Bhagavad Gita dice que las batallas hay que darlas independientemente de su resultado, ganaré o perderé pero yo tengo que decir esto. Es el deber frente a la conveniencia, la ética frente al interés mercantil. Todos los valores que esta civilización ha tenido y que ha ido echando por tierra son lo que hay que restaurar en otro marco distinto.

José Luis se levanta, camina por la sala y me invita a observar el mar azul frente al que trabaja.

—Este mar lo he comprado. No todo, solo el trozo que ve ahora.

Río, me toma el pelo.

—¿No me cree? Mire usted, yo haría exactamente lo mismo

con este mar de aquí enfrente si fuera mío. Lo miraría, lo disfrutaría y lo dejaría abierto a todos los demás. ¿Para qué necesito comprarlo? ¿Para qué? ¡Ya es hora de despertar!

El anciano se apoya ahora en la pared, baja la voz, mira a Olga y hace un gesto con los ojos que me obliga a acercarme más para escucharle.

La luz del sol entra a borbotones y acaricia su frágil cuerpo. Su rostro se desdibuja como si fuera a desaparecer. No voy a volver a verle más, y lo sé. Cuando lo intento, su secretaria me dice que está muy débil y que no puede recibirme. «¿Para quién vivir? Para aquellos que nos necesitan porque aun en nuestro decaimiento somos sus colaboradores en su hacerse», dice en *La escritura necesaria*. José Luis Sampedro murió mes y medio después. Estaba en el lecho y pidió un campari. Lo tomó y luego dijo: «Me siento mejor». Después cerró los ojos. Estaba tranquilo. No molestó a nadie, como él quería. Se fue como el agua del río se funde en el mar.

—Estoy cojo, casi ciego, casi sordo.

José Luis Sampedro mira a su esposa Olga con devoción, y sigue hablándome.

—Yo ya lo he hecho todo en la vida. Podría morirme en cualquier momento si no fuera por ella, pero ella me necesita y yo la amo.

MARGARITA SALAS

El poder de la esperanza y el saber femenino

Cada hombre ha de inventar su propio camino.

JEAN-PAUL SARTRE

—La vida es un milagro. ¿Cómo ha podido llegar a suceder esto? Todo esto es un milagro y es también un misterio. También los avances a los que hemos llegado; el propio ser humano y la capacidad tremenda para inventar y para hacer cosas. ¿Cómo hemos llegado hasta donde estamos?

MARGARITA SALAS

—Sigue adelante porque las cosas cambiarán. Ya verás cómo todo mejora.

MARGARITA SALAS

Fecha: 25 de noviembre. Lugar: Centro de Investigación de Biología Molecular Severo Ochoa.

La mayoría de los investigadores tienen gripe o están en estado semifebril. Uno muy joven, que lleva gafas y no parece haber cumplido los 30, ha llegado al despacho, se ha tocado la frente, se ha sonado la nariz y ha estallado en una risa floja mientras decía que está fatal pero que mañana debe estar en China para presentar una ponencia. A los chinos les interesa todo. Cuando se marcha, Ángeles, la secretaria del departamento, intenta ayudarme a entender lo que supone el lugar donde estoy y, sobre todo, la persona a la que espero, para quien ella trabaja desde hace catorce años.

—¡No te puedes hacer idea de la gente que llama aquí!

Lleva razón. No puedo. Apenas he encontrado información acerca de este centro. Ángeles sigue adelante con su cháchara.

—Margarita es una referencia mundial y constantemente llama gente muy importante de todo el mundo.

—¡Por favor, cuéntame!

Ángeles entorna los ojos y se queda mirándome como si fuera dueña de un secreto. Luego espera dos segundos y por fin lo suelta:

—El primer día que llamó directamente la reina Sofía casi le cuelgo. Cuando cogí el teléfono, pregunté quién era y ella me contestó: «Su majestad la reina Sofía», pensé que era broma. Pero no colgué. También me acuerdo de cuando Margarita me llamó para contarme que acababa de ser nombrada marquesa de Canero. Pero ella no para de trabajar y a veces tienes que poner límites porque si no te arrastra —comenta mientras se abre la puerta del laboratorio.

A la una y diez de la mañana Margarita Salas aparece encorsetada en un traje de pantalón y chaqueta con unos cuantos minutos de retraso. Está tan sonriente que a nadie le importa que llegue tarde, y menos que a nadie a mí. Aunque tiene gripe, los ojos rojos como cerezas maduras y lleva un pañuelo blanco en la mano con el que se suena cada poco.

—No te beso para no contagiarte —dice mientras se mantiene a un par de metros de distancia y extiende la mano derecha hacia mí en el típico gesto que indica «para».

Margarita Salas tiene 76 años, es una mujer menuda, de baja estatura, pero muy ágil al moverse. Lleva el pelo corto, castaño, hueco y bien peinado, como si estuviera recién salida de la peluquería. Sus ojos son azules, vivaces y conservan toda la luz de la infancia. Parece muy tímida y muy frágil, como una extraña flor, y en mí desencadena la sensación de quererla proteger. Cuesta creer que sea la científica española más conocida en el mundo, directora del laboratorio donde nos encontramos, presidenta de la Fundación Severo Ochoa, miembro de la Real Academia de Ciencias Exactas, Físicas y Naturales, también de la Real Academia Española de la Lengua, de la Academia Europea de Ciencias y Artes y de la American Society for Microbiology, además de ser la primera española que entró en la Academia Nacional de Ciencias de Estados Unidos. Doctora honoris causa por universidades como la Rey Juan Carlos, las de Oviedo, Extremadura, Politécnica de Madrid, Jaén, Cádiz, Málaga, UNED y la Universidad Internacional Menéndez Pelayo, esta mujer menuda que tengo delante es pionera en el campo de la biología molecular, madre de esta ciencia en España y otras muchas cosas más. Y además es madre; una mujer a la que le gusta el chocolate, el tenis —«¡Me encanta Nadal!»— y la música clásica. Sin embargo, esta mañana no está en su mejor momento.

—He venido porque había quedado contigo, pero no me siento bien. Me parece que tengo fiebre. Ven, vamos a sentarnos —dice poco después de dar las gracias a Ángeles por recibirme y entretenerme, para luego despedirse de ella—. ¿Dónde quieres sentarte? —pregunta mientras se apoya sobre la mesa y hace una pequeña circunferencia con la mano derecha como si fuera una gran señora que presentara su reino a una recién llegada: un minúsculo despacho blanco lleno de libros y carpetas tan meticulosamente ordenadas que tengo la sensación de estar dentro de una muñeca rusa. La mesa está pegada a la pared, también hay una silla y una banqueta. Las tesis y los artículos se acumulan en orden sobre las estanterías y las mesas.

—¿Dónde quieres sentarte? —insiste.

En el despacho de Margarita Salas solo puedes sentarte de tres formas: de cara, de espaldas o junto al inmenso ventanal por el que entra la luz. Esto es tan pequeño que creo que nadie podría pasar demasiado tiempo aquí, pero de pronto caigo en la cuenta de que la habitación es al laboratorio lo que una cabeza a su cuerpo. En cuanto abres la puerta desaparece la sensación de estrechez y te sientes parte de todo los demás. Para Margarita Salas este es su lugar en el mundo: «Aquí soy feliz»; ella quiere morir con la bata puesta. Margarita ha descubierto claves del ADN, de esa espiral invisible donde está nuestra información genética y que lleva cifrado lo que somos, fuimos y podremos llegar a ser como personas y como especie. Ella comenzó a investigar hace poco más de cincuenta años, cuando en España las mujeres no eran consideradas capaces de hacerlo. Aunque parecía difícil y a veces hasta imposible, Margarita cambió aquel prejuicio mientras aprendía a confiar en la vida.

—Hay mucha gente que piensa que como las cosas están difíciles no se puede hacer nada...

—Sí sé que se puede. Cuando yo empecé era muy difícil. Incluso el papel de la mujer era muy difícil. Se pensaba que las mujeres no servíamos para investigar porque no teníamos capacidad. Para nosotras fue difícil porque no se nos consideraba.

»Sin embargo, a base de luchar conseguí hacerme un sitio. Hoy en cambio resulta más fácil. A la mujer se la considera hoy en la investigación lo mismo que a los hombres. Ahora se ve a la persona sin diferenciarla por su género.

Es martes y hace frío en el Centro de Investigación de Biología Molecular Severo Ochoa, que nació a partir de grupos investigadores de la Universidad Autónoma de Madrid y del CSIC. Aquí decenas de científicos investigan y se forman para conocer mejor el ADN. Todos confían en que el resultado de sus investigaciones pueda llegar a cambiar el destino de la humanidad. El edificio, gris y acristalado, se alza sobre un descampado, y es el sueño cumplido del científico Severo Ochoa, que cogió el testigo de Ramón y Cajal, pionero en biología moderna, creó escuela en Nueva York y después reunió a los investigadores españoles que trabajaban en su área bajo un mismo paraguas. Entre sus objetivos se encuentra la paliación de enfermedades como el alzhéimer o el cáncer mediante la investigación de los códigos secretos del ADN. En torno al centro hay campos donde duermen las semillas con el frío del invierno, también facultades y colegios mayores. Una carretera, autobuses verdes que unen a Madrid este paraje alejado de todo. En el comedor, científicos de todas las razas esperan su turno para desayunar pan con tomate y jamón, tortilla, ensaimada o tostada. Todos saben que la ciencia no vive su mejor momento en España —en apenas cuatro años se han perdido 11.429 personas, el 8,5%—, pero también saben que cada uno de sus logros puede traducirse en cambios sociales y culturales. Margarita lo sabe mejor que nadie porque lo ha experimentado en primera persona. El resultado de sus investigaciones tiene muchas aplicaciones. Sentada en su diminuto despacho en estado semifebril, la frágil mujer desempolva su optimismo para poner las cartas sobre la mesa. A lo largo de su vida ha visto muchas cosas y por eso sabe que atravesamos un momento lleno de oportunidades.

—Globalmente estamos en un momento de muchas posibilidades y muchas oportunidades. La biología molecular comenzó en los años cincuenta. Yo comencé en el 64 con Severo Ochoa; de ahí a finales de siglo se descubrieron aspectos cruciales como la transferencia de material genético, que es la base para que en el año 2001 se obtuviese la primera secuenciación del genoma humano. A partir de esta base hay infinitas posibilidades como, por ejemplo, el diagnóstico de enfermedades. Hoy podemos hacer muchas cosas, como, por ejemplo, secuenciar el genoma humano. La primera secuencia de genoma se publicó en 2001 y en 2003 se consiguió secuenciar el genoma completo, lo cual costó muchísimo dinero. Pero hoy se puede secuenciar en un día por mil dólares. ¡Se ha avanzado de forma espectacular!

Margarita tose, sus ojos se llenan de lágrimas, y es obvio que le cuesta hablar, pero sigo adelante.

—¿Cómo has guiado tu investigación?

—El camino lo ha marcado la propia investigación junto con las tecnologías. Hubo un momento en el que pensé que con el virus que estábamos trabajando tendríamos que pararnos, pero no. Surgió la tecnología que nos permitió dar un giro a nuestro trabajo y hacer mutaciones en un gen para estudiarlo después. Lo hemos hecho con una encima de la proteína que tiene grandes propiedades biotecnológicas y amplifica el ADN:

se pueden tomar partes de una cantidad mínima y ampliarlo millones de veces para poder estudiarlo. Esto ha sido muy importante porque de nuestra investigación ha surgido una aplicación muy grande que es la ampliación.

Hace unos días, un conocido común me dijo que Margarita Salas es una mujer encantadora pero que apenas habla; me aseguró que me iba a resultar difícil sacarle más de tres palabras seguidas. Sin embargo, no es así: pese a la gripe parece un pez en su elemento en cuanto habla de ciencia. Pero yo lo que quiero es hablar de vida, su objeto de estudio. Ella la conoce muy bien y por eso se lo pregunto.

—¿Qué es la vida?

—La vida es un milagro. ¿Cómo ha podido llegar a suceder esto? Todo esto es un milagro y es también un misterio. ¿Cómo hemos llegado hasta donde estamos? También son increíbles los avances, el propio ser humano y nuestra tremenda capacidad para inventar y para hacer cosas.

—¿Qué has aprendido de la vida?

—Es un camino que unas veces es fácil y otras totalmente difícil. A lo largo de la vida uno tiene que sortear dificultades, se encuentra hechos imprevistos que tiene que afrontar. El camino, por una parte, está lleno de dificultades, pero por otra también tiene cosas agradables: rosas y espinas.

—¿Cómo superar las espinas?

—Hay que tener fuerza y voluntad para pensar que no solo hay espinas, y tener esperanza y saber que hay rosas; así vas saliendo adelante.

Margarita nació en el concejo de Canero en 1938, en plena Guerra Civil, una época en que la mayoría de las niñas se preparaban en la escuela para ejercer sus labores y pocos veían con buenos ojos la ecuación de ser mujer, tener una carrera y ser madre. Pocos padres deseaban que sus hijas estudiaran, pero sus padres sí. La voz de Margarita tiene el poder de arrastrarme un instante hasta su infancia. Su padre es un famoso psiquiatra mientras que su madre es maestra, y ambos están convencidos de que mujeres y hombres tienen los mismos derechos. Educan a sus dos hijas y a su hijo del mismo modo y viven en una gran casona asturiana: una casa de piedra con un sanatorio psiquiátrico en la parte de arriba, mientras en la parte de abajo sus tres hijos saltan a la comba, cantan —«al pasar la barca me dijo el barquero las niñas bonitas no pagan dinero», juegan al *cascayu*... Hay un bonito jardín, pista de tenis y de patinaje. Cuando llega el concurso hípico a la ciudad de Gijón, los tres niños se entusiasman tanto que reproducen la competición. La niña Margarita Salas aún habita en la científica de prestigio internacional, y jamás ha olvidado su jardín. Tampoco la manera en la que sus padres dieron forma a sus alas para que pudiera volar.

—Mis padres siempre tuvieron claro que mi hermana y yo teníamos que hacer una carrera. En mi casa no había discriminación. Ellos nos apoyaron. A mí a los 16 años, cuando acabé el bachiller, también me apoyaron para venir a estudiar a Madrid. —Margarita mueve levemente las manos, como si a través de sus tenues gestos pudiera transmitirme la emoción de aquel momento en que abandonó su hogar. Fuera de su casa ser mujer aún estaba penado—. No fue fácil. Hasta mi director de tesis me trataba de forma diferente por ser mujer. —Él dijo: «Bah, una chica. Le daré algo que no tenga importancia». Pero ella convirtió la investigación en el centro de su tesón y de su voluntad.

—¿Qué se puede hacer frente a las espinas en una investigación tan dura?

—Hay veces en que las cosas no salen como planeabas, pero tienes que tener tesón, dedicación y entusiasmo. Para salir adelante es necesario sentir pasión por lo que haces. De ese modo, cuando te encuentras las espinas puedes salir y, llegado el momento, avanzar por el camino de rosas.

Margarita está sentada en una silla blanca y funcional, de espaldas a la calle donde los estudiantes hoy corren para ahuyentar el frío, pero en primavera, cuando cae la noche, se tumban en los descampados para contemplar las estrellas. Margarita tose, se suena la nariz y vuelve a toser. Hace poco hablé con una buena amiga que también trabaja en la ciencia y me dijo que Margarita tiene fama de ser muy dura, de exigirlo todo de todos, y que a lo largo de los años muchos de sus colaboradores no han podido con la tensión de ser los primeros. «Pero eso fue hace años. Quizá haya cambiado», concluyó. Y debe de haberlo hecho porque a estas horas parece una mujer muy dulce, llena de amor. A medida que habla me doy cuenta de que ha tenido que tomar decisiones de todo tipo para estar ahí y que ha sabido hacerlo bien, por eso quiero que me hable de ello.

—¿Cómo debemos tomar nuestras decisiones? ¿Qué lugar ocupa la razón y cuál la intuición?

—Ambos aspectos son importantes. Tienes que tomar decisiones de acuerdo con tu razón, pero también hay en ello bastante de intuición. A veces tomas una decisión no por raciocinio sino porque te lo dice el corazón. Creo que en la vida está lo blanco y también lo negro. Hay una dualidad constante.

Margarita tomó una de las decisiones más importantes de su vida en la universidad el día que conoció a Eladio Viyuela, que se iba a convertir en su marido. «Uno de los mejores momentos de mi vida es haber conocido a mi marido en la facultad. Ambos somos químicos y allí empezamos a conocernos y a gustarnos. Al acabar la carrera, cuando íbamos a empezar la tesis, nos hicimos novios. Ambos estábamos en el mismo laboratorio, que es el único sitio donde uno podía formarse en bioquímica. Después nos casamos, siempre lo recuerdo. Fue una boda sencilla.» Imagen: Margarita a los 24 años, vestida de blanco inmaculado y rodeada de amigos y familiares, junto a un joven muy atractivo llamado Eladio Viyuela. Es 1961 y están en la iglesia del Espíritu Santo, situada en el Consejo Superior de Investigaciones Científicas de Madrid. Los dos jóvenes quieren dedicarse a investigar pero saben que en España es imposible, por eso deciden viajar a la meca de la ciencia. En cierto modo su viaje parece comparable al que ahora se ven obligados a hacer muchos jóvenes españoles, y así se lo digo. Pero Margarita Salas no está de acuerdo.

—Cuando nos fuimos a Nueva York era imprescindible salir fuera porque España no tenía casi nada. Tenías que salir fuera para ampliar tus conocimientos. ¡Había que irse fuera porque si no, no prosperabas! Ahora es distinto. Siempre es conveniente salir fuera, pasar una etapa posdoctoral en otros países, pero una cosa es irte con la idea de que quieres volver y otra muy distinta irte sabiendo que no sabes si podrás regresar para investigar aquí. Regresar en este momento es casi imposible. En España un doctor sale muy bien formado y fuera se los rifan. Fuera tienes muchas posibilidades, no hay problemas; el problema aparece si la persona quiere regresar.

Margarita Salas tose. Debe de ser cerca de la una, los susurros del laboratorio han dejado de oírse. En menos de cinco horas uno de sus doctorandos tomará el avión para viajar a China. Ahora todo es más fácil. Ella y su marido, Eladio Viyuela, aterrizaron en Nueva York porque Severo Ochoa les abrió las puertas de su laboratorio. El Nobel Ochoa era amigo de su padre y, en cierto modo, también era responsable de muchas de las decisiones académicas que Margarita había tomado hasta entonces. Su vínculo fraternal con el Nobel español comenzó el día en que Ochoa fue a comer paella a casa de Margarita y le regaló un libro de biología molecular. Fue él quien la recomendó a su director de tesis, el único que hacía algo parecido en España, y también quien prometió abrirle las puertas de su laboratorio neoyorquino. Y cumplió su palabra. Bajo los grandes rascacielos de la isla de Manhattan Margarita descubrió una nueva forma de mirar. Ochoa puso a la pareja en equipos distintos con el pretexto de que debían aprender inglés, pero ella aprendió algo más: «A él le preocupaba que la carrera de Eladio pudiera arruinar la mía», me dice Margarita. «Severo Ochoa me trató como una persona. En Estados Unidos no sentí discriminación por el hecho de ser mujer.» Margarita Salas descubrió dos proteínas del ADN y presentó sus hallazgos ante la comunidad científica neoyorquina.

Es 1967 y Margarita Salas regresa a Madrid junto a su esposo Eladio con un objetivo muy claro: investigar. Aquí está todo por hacer pero no hay dinero y Margarita corre el riesgo de volver a convertirse en «la mujer de». «Veníamos con un puesto en el Consejo Superior de Investigaciones Científicas. No había dinero pero tuvimos la suerte de traernos un salario. No era gran cosa pero pudimos vivir con él y empezar a investigar.» Eladio y Margarita supieron que en España solo podían investigar algo sencillo y por eso escogieron un virus de solo 20 genes frente a los 25.000 del ADN humano. Y rápidamente se pusieron manos a la obra porque había llegado el momento de dar forma a sus sueños. «Cogimos a los primeros estudiantes de doctorado y empezamos. Yo no tenía ningún problema en el laboratorio, pero al cabo de tres años Eladio dijo que si seguíamos trabajando juntos mi salida a la independencia iba a ser más difícil. Así es que tuve suerte, salí adelante, tuve muy buenos colaboradores y me convertí en una científica con nombre propio: era Margarita Salas. Desde entonces no tuve ningún problema por el hecho de ser mujer. Eladio me ayudó en todo momento.» Eladio Viñuela abandonó la investigación que ambos compartían y emprendió otra en solitario, pero aquel pequeño virus trajo el éxito a Margarita. «Yo siempre he sido machacona, siempre he querido salir adelante y así me lo he propuesto y creo que lo he conseguido, pero la gran ayuda que he tenido ha sido Eladio. Si no le hubiese conocido no estaría donde estoy.» Eladio murió en 1999 con apenas 62 años, pero ambos crearon una nueva cantera de científicos y científicas. En el laboratorio donde estamos el género no es importante, y fuera cada año aumenta el porcentaje de mujeres que se dedican a la investigación —el 38,5 % en 2014—, así como de las doctorandas, que en 2012 eran tantas como los doctorandos varones. Margarita y Eladio abrieron el camino a muchas otras mujeres. Ella tose, se suena la nariz. Un golpe en la puerta del laboratorio nos recuerda que los doctorandos se van a comer. En el laboratorio permanece viva la impronta de Viñuela, e igualmente en el centro Severo Ochoa que él ayudó a crear.

—¡Qué generoso!

—Él tenía la mente abierta y una mentalidad moderna. Consideraba que yo no tenía que ser discriminada por el hecho de ser mujer. Soy muy luchadora y siempre he considerado que me tenía que ganar un puesto en la sociedad y en la ciencia. Sabía que a base de esfuerzo y de trabajo podría salir adelante. A veces mi dedicación ha sido casi completa. Hay que tener mucha fuerza para no rendirse cuando las cosas no salen tan bien. También es verdad que has de saber cuándo tienes que seguir adelante o cuándo tienes que parar o cambiar de rumbo porque has tomado un camino equivocado; entonces tienes que saber observar bien para poder decidir que vas por otro camino.

—¿Cuándo debe uno abandonar y cuándo seguir adelante?

—Cuando las cosas empiezan a torcerse y a no salir bien uno se da cuenta de que quizá está dándose golpes contra la pared y debe abordar el tema desde otro punto de vista. La verdad es que yo no he tenido demasiados momentos en que me viera obligada a virar. El tema ha ido saliendo bien, ha sido algo que ha dado muy buenos resultados. He trabajado sobre un virus pequeñito.

Margarita tose y bajo el efecto de la gripe parece aún más pequeña en su silla, pero también más decidida, más constante, como si dijera: «Yo puedo, yo quiero, yo sé». La elección del virus no fue casual. Eladio y Margarita decidieron buscar algo sencillo para poder hacerlo en España. Conscientes del lugar donde estaban, decidieron adaptarse.

—¿Tan pequeñito cómo tú?

Margarita ríe tímidamente y su hilaridad relaja el gesto de su rostro.

—No sé si soy pequeña o no. —La hilaridad llena la habitación y cuando ella habla lo hace con una sonrisa—. El virus ha dado mucho juego y descubrimos cosas importantes con él. ¡La suerte ha jugado un papel importante!

—¿Qué hemos de hacer con la suerte?

—Cuando llega la suerte tienes que estar ahí, llega para cogerla. Has de estar ahí.

—¿Qué quieres decir con que hay que estar ahí para la suerte?

Margarita abre los labios levemente, hace una mueca y sonríe como una niña que esconde un regalo. La suerte también existe en la ciencia. La mujer parece a punto de cambiar de tema, pero no lo hace.

—Es algo apasionante. Cuando me meto en este laboratorio me olvido del mundo. Para mí no existe más que el laboratorio, el trabajo, la discusión con mis colaboradores, y esta es mi vida.

»Conozco a un hortelano muy sabio que está convencido de

que cuando cuidas tu huerta, las plantas te dan su amor. Creo que en el laboratorio ocurre lo mismo. Al alimentarlo te estás alimentando a ti misma.

Tras la puerta del despacho, el laboratorio ya debe de andar vacío. Es tarde y a Margarita no le gusta estar sola. Y no lo está. Vive con su única hija. Margarita retrasó su maternidad para hacer carrera en la ciencia, y después cuando fue madre cambió durante un tiempo sus ritmos de vida. La experiencia de ser madre amplió su percepción de la vida. Margarita tose y ahora, al hablar de la maternidad, parece crecer sobre la silla.

—¿Podrías hablarme de la experiencia de ser madre, del momento de dar vida?

—El nacimiento de mi hija fue clave para mí. Una gran experiencia. Ella es la primera y única hija que he tenido. Ver que era niña me gustó y aún me gustó más tenerla a mi lado. —Diapositiva: una cama con sábanas blancas. Margarita ya no es una mujer tan joven, pero sostiene a su hija entre los brazos con completa entrega. Sonríe. Convertida ya en científica reconocida y segura de quién es, enfoca su fortaleza en sostener a la pequeña—. Vivíamos en Valdemorillo. Allí la tuvimos, la criamos y estuvimos hasta que tuvo dos años y medio; después quisimos que fuese al colegio.

Suena un teléfono, pero nadie lo coge. Las palabras de Margarita se llenan de pasión y su pasión enciende la sala de coloridos matices.

—¿Cómo la maternidad cambió tu vida?

—La vida cambia porque es una persona a la que proteges. Por ella darías tu vida. De pronto pasa a ser lo más importante para ti.

»Tuve la suerte de que en casa tenía a la que fue mi niñera porque mi madre nos la cedió, y ella era como una segunda madre de mi hija, porque la mimaba y la atendía mientras yo estaba en el trabajo. Los fines de semana me dedicaba al cien por cien a mi hija, y a diario me dedicaba al laboratorio.

Ser o no ser madre es la pregunta que suele hacerse toda mujer profesional a ciertas alturas de su vida. Muchas temen no poder mantener su rendimiento profesional, pero siguen adelante. Margarita encajó las piezas y consiguió ambas cosas. Y toda madre profesional sabe que eso es muy difícil.

—¿Cómo se puede ser madre e investigadora de éxito?

—A base de mucha dedicación y mucho trabajo. Cuando estás aquí dedicas el cien por cien de tu tiempo, e igual allí: distribuyendo mi tiempo y entregándome por completo a lo que amo.

Margarita se suena la nariz. Los ojos se le llenan de lágrimas de gripe, aunque parece estar más despejada. No le gusta estar sola, de hecho su madre ha sido su gran apoyo hasta hace un año, cuando murió. «Mi padre murió muy pronto, por eso mi madre ha sido muy importante. Ha sido la persona que ha estado apoyándome todo el tiempo.» Un ataque de tos, el pañuelo en la nariz, los ojos acuosos. Me mira, piensa y sonríe. Regresa la niña que habita dentro de ella y que quiere compartir un secreto.

—Mi madre se preocupaba de todo y de todos, era muy activa. Ella era maestra. Cuando empezó la guerra mis padres se casaron pero todos los maestros fueron expedientados. Tenían que adherirse al régimen si querían seguir enseñando, pero mi padre puso un sanatorio psiquiátrico en Gijón y ella era la gerente. No pidió el reingreso en la enseñanza. —Imagen: la escuela con pupitres y niños. La guerra y, junto a la pizarra, alguien pone la fotografía de Franco. La madre de Margarita deja la escuela—. Cuando murió Franco el rey concedió la amnistía a todos y mi madre, a los 65 años pidió el reingreso a la enseñanza. Disfrutó mucho. Se jubiló a los 75.

Fuera el cielo se ha oscurecido y las nubes vierten pequeñas gotas de húmedo frío. Margarita a veces se adentra en sus recuerdos. Las personas que se van continúan habitándonos, viven en nosotros. El amor no muere, solo se adapta. Pero eso se aprende cuando pasan los años.

—Además del amor al trabajo, mi madre me legó el saber vivir cada día y tomar lo mejor de la vida, yo creo que eso lo heredé de ella. Siempre he sido una persona optimista. Cuando hay dificultades siempre pienso que las cosas saldrán bien.

Ni a Margarita ni a su madre les gustaba cocinar, pero siempre han tenido cocinera. «No me gustaba la cocina porque siempre he pensado que era una pérdida de tiempo y yo he preferido dedicarlo a otras cosas.» Tampoco le apasionan los olores ni las flores porque tiene alergia. «La flor que me gusta es la orquídea, porque no huele.» Le gusta el chocolate, que procura no comprar porque crea adicción, las suites para violonchelo de Johann Sebastian Bach y, aunque no me lo dice, estoy convencida de que también se gusta a sí misma y el viaje que ha hecho como persona y como mujer.

—Dicen que este es el tiempo de las mujeres, que para que todo vaya bien las mujeres también tienen que tener las riendas.

—Estoy de acuerdo. He oído que ahora es el tiempo de las mujeres. Si hubiesen mandado más antes, ahora sería distinto. Pero ahora nos toca tomar el baluarte y mandar en el buen sentido de la palabra. No se trata de imponer, pero sí de ser la que lleva la batuta.

—Hace años una abuela indígena me dijo que es tiempo de parar el conflicto con diálogo.

—Yo soy una persona a la que no le gusta imponer. Me gusta hacer las cosas por consenso y con diálogo.

»Hay dos formas de llevar la dirección. Una consiste en decir a quien trabaja contigo exactamente lo que tiene que hacer y la otra es dar flexibilidad para que esa persona tenga posibilidad de concebir sus propias ideas y pueda decidir el camino por el que quiere ir. Cuando una persona que trabaja conmigo trae una idea no se la quito, sino que le digo: «Hazlo». Procuro dialogar y dejar que actúe, a no ser que sea un disparate colosal. Me gusta que la gente decida por dónde ir y qué hacer porque eso es formativo para ellos.

—¿Por qué es importante incentivar a seguir las propias ideas?

—Es importante porque a las personas les da confianza en

sí mismas. Si no tienen ninguna idea propia es algo frustrante para ellas; es importante que puedan desarrollarlas dentro de los límites racionales.

»En las sociedades tradicionales había espacios donde las mujeres se reunían, pero en nuestra sociedad se ha perdido. Yo siempre he tenido una buena relación con las mujeres. En mi época del colegio éramos solo chicas, y ahora sigo teniendo ese apoyo de las mujeres.

—Hay lugares donde se crean redes de mujeres que se ayudan entre sí.

—Eso es muy importante. A veces las mujeres no nos hemos apoyado y es importante que lo hagamos. Hasta hace poco, apenas había apoyo entre las propias mujeres, se notaba una gran soledad, porque una iba sola por la vida.

»Pero eso está cambiando. Es algo que se aprecia en distintas actividades y el apoyo hace que aumente el número. Es algo que ha ido cambiando con el paso de los años.

—Aún hay mujeres que al casarse o ser madres optan por dejar sus profesiones. ¿Por qué es importante mantener la independencia?

—Es importante que las mujeres sigan su carrera profesional. Hace años la mayoría no tenían una profesión y dependían completamente del marido, lo cual es una gran limitación para la mujer.

»Ahí lo que está en juego es la libertad de la mujer. La mujer ha de ser independiente. Casarse está muy bien, tener hijos está muy bien, pero es importante saber compaginarlo con la independencia, cosa que no es fácil. La sociedad tiene que dar más facilidades para que la mujer pueda ser ambas cosas, madre y trabajadora. Desde luego a la mujer le digo que no abandone el camino profesional porque su independencia es muy importante.

Margarita aspira con fuerza como para llenarse de vida. Es un martes de finales de noviembre y, aunque hace frío, la belleza despunta en el horizonte. Desde aquí la vida parece sencilla. Margarita se despierta antes de que suene el despertador, come de forma frugal, tiene muy presente a quienes ama mientras mira varias veces su reloj (el rólex que le regalaron sus colaboradores cuando entró en la Academia de las Ciencias). Se siente feliz en un concierto en directo pero también en la casa de Valdemorillo que construyó con su esposo Eladio, donde vivió la primera infancia de su hija. Rodeada de monte, de piedras gigantescas y de agua, se siente viva. Frente a mí está relajada pese a tener mucho que hacer. Tiene paz, y sospecho que ha descubierto algo que yo aún ignoro. La ciencia es una maestra de vida.

—Dicen que el observador cambia lo observado. ¿Qué es el amor?

—El profesor Ochoa decía que el amor es física y química. —Sonríe y entorna los ojos, como si supiera que la respuesta está escondida en algún lugar de su interior—. El amor está en nuestros sentimientos, en la empatía hacia una persona, pues hay algo de química y de lo que somos en nuestros genes. Una parte es la genética y otra es lo que hay. La genética es la base de lo que eres y puedes ser. Pero el amor también es corazón y lo que te han enseñado.

—¿Por qué es importante saber perdonar?

—Es importante porque con rencor no eres feliz.

—¿La felicidad existe?

—Soy feliz cuando voy a un concierto, ahí soy feliz. Existen momentos de felicidad, pero no creo en la felicidad todo el tiempo.

»¡Sueño con ver a mis amigas de la infancia! Las veo cuando voy a Gijón. Me siento muy satisfecha cuando vuelvo a verlas. Mis compañeras vienen a Madrid y así seguimos viéndonos.

Margarita no ha olvidado a la niña que fue, a la estudiante del colegio femenino de Gijón; tampoco el jardín de su casa con los juegos, ni aquella canción que en el laboratorio ahora canta para mí: «Al pasar la barca me dijo el barquero, las niñas bonitas no pagan dinero». Pero la niña creció y al convertirse en joven supo concretar sus sueños. Esta mañana tengo la sensación de que a veces habla para aquella joven que aún habita en ella.

—¿Qué dirías a los jóvenes?

—Les diría que, por muy difícil que estén ahora las cosas, sigan adelante sin desanimarse. Siempre he animado a los jóvenes doctorandos y les he dicho: «Seguid adelante porque las cosas cambiarán. Ya veréis como todo mejora». —Margarita entorna los ojos y vuelve a mirarme—. Es algo que en general se ha cumplido: quien estaba desanimado porque no veía futuro ha seguido adelante y las cosas han cambiado.

»¡Hay que seguir trabajando! Las cosas te afectan, claro, pero hay que seguir adelante.

»Quién iba a imaginar hace cincuenta años que íbamos a mandar mensajes por correo electrónico. ¡Te comunicas en un segundo! ¿Quién lo iba a decir? Ni nos damos cuenta, pero esto es impresionante, casi un milagro. El ordenador es algo tan sencillo y tan complejo a la vez...

—¿Cómo podemos mantener la esperanza?

—En el futuro seguirá habiendo avances tan espectaculares como los que ha habido hasta ahora. Tenemos un potencial enorme y los malos tiempos darán lugar a tiempos mejores.

Margarita mira el reloj y da un gritito de sorpresa. «¡Son las tres!» Cuando se pone de pie, yo aún permanezco sentada unos segundos contemplando su frágil fortaleza. El laboratorio se ha quedado vacío por completo, pero en cierto modo también está lleno. Hay microscopios, un pequeño ordenador, teléfonos, *tablets* y tecnología punta cuyo nombre desconozco pero que hace crecer exponencialmente los logros de la investigación. Las llaves del futuro siempre habitan el presente.

IÑAKI GABILONDO

Afrontar el dolor para crecer sobre él

La entronización del valor del dinero ha hecho mucho daño. El dinero ha ido reduciendo al ciudadano a ser una máquina que se endeuda y consume.

Iñaki Gabilondo

El dato es el ritmo del corazón, que te da una pista con respecto a dónde está tu límite y tu verdad.

Iñaki Gabilondo

Pocas secretarias hablan de sus jefes a una desconocida, y Marisol tampoco lo hubiera hecho si no le adorara y si no confiara en mí. Aunque no nos hemos visto en persona, hemos hablado varias veces al mes y, si estoy aquí, en gran parte es por ella.

—¿Por qué quieres entrevistarle? —me preguntó un día, y yo contesté de la forma más sincera y escueta que pude:

—Pues porque siento que él en cierto modo es necesario. Tiene memoria y procura hacerlo bien. Estamos en un tiempo de cambio en el periodismo y en todo; la sociedad necesita personas que sean referentes y a mí me parece que él lo es. Pero, sobre todo, porque hace miles de años, cuando yo era muy insegura y muy joven, él me alimentó para que creciera. Y ni me conocía ni pretendía conocerme, me alimentó porque sí, porque al parecer esa es su costumbre. Y quiero contar que existen personas así.

Sentí un chasqueo al otro lado del teléfono y ella cortó mis palabras.

—Iñaki hace eso con todos los que trabajamos con él. Nos ayuda a crecer.

Marisol hizo una pausa e imaginé que miraba su agenda, y debió de hacerlo porque pasados unos segundos su voz volvió a sonar.

—Está muy ocupado, pero no te preocupes. Ya te diré. Quizá después del verano.

Ha pasado el verano y parte del otoño. Las hojas de los árboles sobrevuelan algunas zonas de asfalto, la hierba de los parques reverdece, el cielo está lleno de nubes, pero cuando se apartan tiene mucha luz. El día es pálido y el sol no parece el sol, sino una especie de ostra cerrada y oscura que en cualquier momento se puede abrir. Son las once de una fría mañana madrileña y él hace horas que se ha levantado en un elegante hogar plagado de libros de ensayo, premios y discos de música clásica. Está contento hoy, emocionado más bien. Y tiene motivos. Aun así, fiel a sus rituales diarios, ya ha leído durante 25 minutos seguidos algo que no tiene nada que ver con la actualidad y ha escuchado música —hoy Brahms— hasta lograr sentir una fuerte emoción que, a veces, roza lo inexplicable. Iñaki conoce a la perfección las notas musicales, toca algo de piano, no puede quitarse de la mente el olor a salitre de la playa donde se crio, donde jugó y llevó a las primeras chicas porque no puede acostumbrarse a vivir sin mar y tampoco puede borrar la voz de su madre cuando creció: «Os hicisteis mayores, os fuisteis marchando de casa y yo me di cuenta cuando el suelo se quedó sin arena». Ama el amanecer antes de que estalle y el crepúsculo antes de que caiga el sol, el bacalao en salsa verde, las últimas palabras de Sócrates, el puré de patatas con mantequilla, el pan del bocadillo de jamón, el vino tinto, el color azul, la música cargada de tonalidades antes de que estalle; está convencido de que nadie es solo uno, sino que todos somos muchos, también que hoy es hoy, ayer no es hoy y mañana no será hoy porque nunca más volverá este día que tiene por delante. Pero hoy, precisamente hoy, no puede ni quiere borrar esta sensación de plenitud que tiene, ese cálido sabor, la impronta en su piel de abrazar bien fuerte a los suyos —esposa, hijos, hermanos, sobrinos— que se han reunido este fin de semana en torno a su hija porque, aunque Iñaki Gabilondo ha cosechado todos los laureles que un día pudo soñar, en realidad su vida también ha sido y es una constante historia de superación de la enfermedad y la muerte. A sus 72 años —lo dice y repite— no puede estar más agradecido a la vida, a sus padres, esposa e hijos, ni tampoco más convencido de que lo que verdaderamente le importa «se juega en otro campo», que no es la fama ni el éxito. Por eso, en cuanto sale de su casa en dirección al trabajo, piensa en los tres grandes temas que para él dan sentido a todo lo demás —el tiempo que pasa, los demás y el misterio— y que tienen en común esa frase que tanto repite, y que hoy va a repetirme a mí. «La calidad de vida es tener la conciencia de estar vivo. Yo moriré con toda la conciencia de que he estado vivo. Aunque sea un día con mala leche, ese día es único. ¡Ni se te ocurra quitármelo!»

Cuando llego a la puerta de control del edificio de Gran Vía 32 donde él aún tiene su despacho tengo la sensación de llegar quince años tarde a una cita importante, aunque me equivoco. Él está en lo alto de uno de los edificios más emblemáticos para el periodismo de Madrid, símbolo de la comunicación durante décadas y casa por la que hemos pasado muchos y muchas periodistas. Desde aquí las voces radiofónicas —también la suya— han levantado el vuelo como colonias de mariposas durante casi siete décadas para entrar en el alma de los hogares, pero ahora muchas de esas voces dicen que el cuarto poder se descompone. Los medios cierran. Más de cien han caído en los últimos siete años y casi 12.000 profesionales han ido a la calle. Hay alarma en el sector, que no sabe qué hacer. Y hombres y mujeres del periodismo ven cómo se desploma la profesión, y ellos con ella. Como periodista me toca en primera persona, quizá por ello estoy nerviosa ante el encuentro que, después de media vida, por fin voy a tener con un hombre que, en cierto modo, guarda un pequeño pedazo de mi inocencia perdida. Desde el último día que hablamos por teléfono, hace más de quince años, he soñado con este instante miles de veces. Por ello, mientras el ascensor sube los siete pisos que separan su despacho de la calle, la poca memoria personal que atesoro de Iñaki se abre como el sombrero de copa de un mago. En el primer recuerdo él y José Luis Sampedro ríen frente a los micrófonos, es otoño de 1988 y las hojas comenzaban a caer en el Parque del Retiro de Madrid. Pasan diez años y estoy en Jerusalén como colaboradora de su cadena, pero no hablo directamente con él sino con un puñado de redactores, colaboradores y asistentes que revolotean en torno suyo. Sin embargo, entro en su programa en directo. El primer día me pone un «de» entre mis apellidos y no tengo manera de replicar porque cuando se lo digo a mi jefe inmediato en la radio, él se limita a contestarme: «Aquí Iñaki es dios y lo que dice va a misa, así que no te queda otra que aceptarlo». Nadie le dice a Iñaki cuál es mi nombre correcto. Pasan los días y mis compañeros me dicen que Iñaki está enfadado y que toda la redacción está agitada por ello. Unos meses más tarde suena el teléfono y es él quien llama: quiere ponerme al día de los cambios que ha habido en el programa.

—Ahora vas a oír publicidad. Después hablo yo, te pregunto y luego te toca a ti. ¿De acuerdo?

Es enero, escarcha y me parece un hombre encantador. A partir de ahí durante unos meses colaboro con él casi a diario. Hasta que llega el momento de regresar a España, y me despido por teléfono. Nunca más le volví a ver. Para él ha pasado toda una vida desde entonces. A finales de agosto de 2005 la cadena SER anunciaba que Gabilondo dejaba el *Hoy por hoy* para presentar el informativo del canal Cuatro. Luego Telecinco compró el canal y entonces Iñaki lo abandona para pasar a CNN+, que cierra y se convierte en un *reality show* de veinticuatro horas. Hoy Gabilondo —el mismo Iñaki que a los 27 años era director de la COPE en San Sebastián, que dirigió los informativos de la SER en plena juventud, que el mismo 23-F estaba al frente de la información de Televisión Española, de donde fue destituido por, al parecer, no plegarse con facilidad; el mismo hombre que ha dirigido durante dos décadas uno de los programas radiofónicos con más audiencia en todo el país— solo tiene presencia mediática a través de un pequeño *blog* en *El País*, donde cada día expresa su opinión acerca de los temas candentes de la actualidad. Eso sí, ha escrito libros críticos —*Verdades como puños*, *El fin de una época*, *Testigo de la histo-*

ria— que se han convertido en bestseller y en los que no parece haberse callado nada; también da conferencias, recibe constantes premios, le hacen entrevistas y presenta programas especiales para las emisoras de su casa radiofónica. Bueno, quizá en unos meses retome su programa de entrevistas en televisión. Iñaki ya no es la voz de la actualidad, pero a cambio se ha convertido en un periodista crítico de referencia, y tiene la credibilidad suficiente para ser una de esas voces capaces de señalar nuevos caminos, o por lo menos eso cree mucha gente. Lo cierto es que por algún motivo sus palabras suenan más libres que nunca, como si con la impronta del tiempo hubiera soltado algún tipo de ancla invisible. Pienso en todo ello cuando suena el *ring* de apertura de la séptima planta donde trabaja y su secretaria, Marisol, que lleva trece años a su servicio y ha hecho posible que hoy nos encontremos, me da la bienvenida.

—¡Por fin nos conocemos!

Marisol parece volar sobre el plomizo suelo de la séptima planta de Gran Vía 32. Es mucho más joven de lo que me imaginaba y más risueña y sencilla. Debe de andar en la mitad de la treintena, tiene unos ojos oscuros llenos de brillo y viste con vaqueros y jersey de lana. Ella forma parte del equipo directo de Iñaki, en el que también está Paloma, que supervisa sus movimientos y llegará poco después. Hace años solía haber más gente a su lado. Mucha, hasta el punto de que a veces cuando hablaba de sí mismo se presentaba como la cara visible de un gran equipo. Aunque puede que la persona de entonces no tenga mucho que ver con el hombre con quien en breves instantes me voy a encontrar. O tal vez sí. De pronto, Marisol se sienta en su silla de despacho, me indica la puerta azul tras la cual espera Iñaki y, con el rostro lleno de entusiasmo, como si fuera ella quien va a hacer la entrevista, me dice:

—Ve.

Al otro lado de la puerta azul, Iñaki se levanta de su silla, camina hacia mí con confianza de viejo conocido, me da tres besos en el más puro estilo francés —carrillo izquierdo, derecho, izquierdo— y coloca dos sillas enfrentadas junto a su mesa.

—¿Cómo estás? ¿Cómo te ha ido en todo este tiempo? ¡Ven, siéntate aquí!

Iñaki señala una de las sillas, recoge mi abrigo y lo coloca con cuidado en la percha para después sentarse frente a mí a apenas un palmo de distancia. Es ahora cuando me doy cuenta de que en realidad hace un millón de años que no le veo, y de que en cierto modo le he echado de menos. No sé si a él o a ese periodismo en el que yo creía. Casi tanto como a ese pedazo de mí que murió el último día que hablamos.

—¿Que cómo estoy? ¡Viva! Y muy contenta de verte.

Iñaki Gabilondo, segundo hijo de los carniceros del mercado donostiarra de la Bretxa, es un hombre elegante en quien a primera vista no se notan las batallas que ha mantenido más allá de los micrófonos, y que ha tenido que superar para estar vivo. Alto, vestido de azul impecable y con el pelo bien peinado en el que ya pintan canas. En cuanto comenzamos a hablar me doy cuenta de que alude de forma constante a sus tres hijos, fruto del matrimonio con su primera mujer, y a Lola, su actual esposa. Pero también habla del sentido de la vida, del «sentido de este *business*», como si por algún motivo hubiera estado buscándolo día a día hasta encontrarlo. Me pregunto por qué, pero aún tardará unos minutos en darme la respuesta. De momento, ambos sabemos que desde que dejamos de vernos hasta ahora las vidas de todos han dado un giro completo, y nuestros primeros minutos de conversación se centran en esa realidad a la que, aunque quisiéramos, no podemos dar la espalda. Y menos que nadie él.

—¡Nunca he visto un cambio tan fuerte como este! —me dice Iñaki—. Las nuevas tecnologías han traído factores nuevos que hacen que resulte difícil interpretar lo que ocurre. Date cuenta de que la mayoría estábamos acostumbrados a realizar análisis regionales o nacionales, pero no globales. Y todo el mundo está preocupado porque el dinero anda suelto. ¡El dinero se ha desatado! Esto produce un grado de perplejidad muy superior al que nunca ha tenido la humanidad. El dinero escapa del control y eso ha provocado destrozos incontables en las democracias y en todo. Es algo sin precedentes y no tenemos dónde mirar. Siempre he sabido que la Tierra gira a miles de kilómetros pero ahora lo noto. ¡Tengo la impresión de que esto va *disparao*! ¡No hay una crisis, hay un haz de crisis! —Junta los dedos y hace un círculo con ellos. Abre las manos y el círculo crece hasta convertirse en un globo terráqueo—. Y esas crisis afectan a todo y no sabemos cómo afrontarlo. —Iñaki hace una pausa y toma aliento—. La entronización del valor del dinero ha hecho mucho daño. Este atiborre que ha llenado las casas de todo, la conversión del ciudadano en consumidor, ha tenido consecuencias: la bulimia de consumir, de consumir siempre, hasta que la persona se endeuda y se convierte en un histérico del dinero y en un ser angustiado. El consumo ha ahogado la democracia. Los poderes financieros dominan los valores democráticos y además se han globalizado. Estamos viviendo un momento en el que esto se ve con mayor claridad, pues ha quedado en evidencia el imperio absoluto del dinero. Ahora todo el mundo lo sabe.

Estamos sentados en un despacho luminoso después de meses y meses de solicitar el encuentro a Marisol. Iñaki siempre estaba ocupado: hoy un viaje, mañana un premio, pasado una conferencia. «¡No para!», me decía Marisol. Sin embargo, ahora es generoso con su tiempo. Especialmente hoy. A lo largo de dos mañanas vamos a tener la oportunidad de hablar acerca de un puñado de cosas importantes para él, pero todas ellas, finalmente, acaban llevándonos al mismo punto, que es la propia vida. Iñaki ha tenido que mirar muy de cerca la enfermedad y la muerte, tanto que parecen haberle enseñado mucho, pero también ha aprendido de su propio viaje, que le ha llevado a ver los grandes hitos históricos en primera fila. «Yo soy de profesión contemporáneo. Casi todos los hechos clave de este tiempo me han tocado a mí en edad. Yo cuando Franco murió tenía 33 años, cuando aparecieron los Beatles tenía 21. En el 68 estaba recién casado en París. Los que empezaron ETA tenían un año más que yo. Todo esto lo he visto como si estuviera hecho para mí. Tengo la impresión de que he sido muy afortunado al haber vivido esos hitos y haberlos experimentado como eran de verdad. ¡He tenido mucha suerte!» Pero desde entonces el ejercicio del periodismo ha cambiado mucho y ambos lo sabemos. El cuarto poder ha dejado de ser lo que en algún momento fue y ahora ya es otra cosa. Los periódicos no se venden, las redacciones están en mínimos, y las nuevas tecnologías han cambiado todo el proceso. «Este es el momento más fascinante para el periodismo, pero también el más difícil. Muchas veces creo que se subastarán las páginas de los periódicos. —Iñaki hace una mueca, sonríe con ironía y parece desaparecer mientras todo su cuerpo se transforma en una especie de viejo pregonero que grita: "¡Sale a subasta la última columna de *El País*!". Luego desaparece el pregonero y vuelve el periodista—. Ahora parecen decir que uno debe estar contento porque puede publicar en un determinado lugar. El periodismo es una actividad intelectual que necesita una base industrial. Los valores del dinero han sacrificado todos los criterios intelectuales. Ahora el gerente sueña que siete es más que seis.» La estancia donde trabaja Iñaki es sencilla. Espartana. Las sillas son de plástico y la mesa es de un *beige* común. Hay varias estanterías funcionales repletas de libros y fotografías familiares sobriamente enmarcadas, y además una pequeña cómoda en la que destaca un premio Ondas. Una percha de pie hecha de plástico, madera y metal. Ningún lujo. El tono dominante es el azul, pero la luz natural entra a borbotones por las ventanas y matiza el brillo de sus ojos. A lo largo de los años Iñaki ha tenido que cambiar de trabajo, de residencia, de empresa; pero él ha aprendido a adaptarse. Ahora la sociedad vive un tiempo de cambio y en el lugar donde estamos —Gran Vía, 32— la historia duerme apilada en archivos y clasificada bajo nombres propios, fechas clave, voces convertidas en documentos sonoros. En pocos meses este lugar, icono del periodismo, lo comprará el magnate español Amancio Ortega, dueño de Inditex y de la marca Zara, como una alegoría más de los tiempos que vivimos. «He tenido un trabajo en el que he podido ver los cambios desde una posición privilegiada. Yo no me apartaba de la vida para trabajar, sino que trabajaba mientras estaba viviendo. ¡La radio no detiene la vida! Nosotros trabajábamos en medio de la vida. Y eso te llena de cosas que tienen verdad. —Cierra los ojos y vuelve a abrirlos—. Mis compañeros de *Hoy por hoy* te dirán que a las seis de la mañana yo salía a la terraza junto con ellos. Salía el sol y yo decía: "Hoy es el único 9 de noviembre de 1994 que va a existir en toda nuestra historia. El único". Me gustaba ser consciente de que ese día no volvería. Los días no son eternos. En la radio vives la vida en tiempo real y la vida sigue sin preocuparse por ti.» Ahora desde la calle llegan algunos ruidos de tráfico, gente que transita. Una campana. La calle ruge y me recuerda a las olas del mar. Sobre ellas, bajo las nubes, el sol parece una ostra cerrada sobre sí misma.

—¿Cómo podemos afrontar este momento de cambios que vivimos?

—Siempre he tenido la sensación de que en todo este barullo hay algo que observar. El trilero siempre mueve las manos y te vuelve loco con sus pases, pero la condición humana te coloca en el lugar desde el que has de mirar. El ser humano tiene límites que, si recuerdas que existen, pueden colocarte en un terreno de cierta lógica. El ritmo del corazón te da un dato objetivo. Tú me preguntabas cómo hemos de vivir. Pues ¡vive peligrosamente! ¡Vive como escojas! El dato objetivo es el ritmo del corazón, que te da una pista con respecto a dónde está tu límite y tu verdad. En esta extraordinaria confusión he regresado a los elementos donde creo que existen verdades inmutables. Ahí tengo una cierta pista.

«Tengo calor», dice de repente, y se levanta, sortea la silla y la mesa donde se apilan las carpetas en milimétrico orden, y agarra el picaporte sin darme la espalda ni un solo instante. Abre la ventana. De pronto el sonido del tráfico, tamizado por los siete pisos que nos separan de la arteria madrileña, es más fuerte y me da la impresión de que sobre el mar hoy hay tormenta.

—¿Cómo llegaste a esa conclusión?

—Mi primera mujer estuvo enferma muchos años y esa experiencia me confirmó cosas como la sorpresa que nos produce la enfermedad o la muerte. Creo que es algo que nos tiene que producir pena, disgusto, dolor, mala leche, pero no sorpresa. Reconozco que pensar así ha sido de gran ayuda. Todas las vicisitudes por las que he pasado las he experimentado así. ¡Y algunas han sido muy amargas!

Iñaki desaparece de nuevo y en su lugar aparece una fotografía en blanco y negro que llamó mucho mi atención cuando contemplaba el álbum de su vida. Se trata del banquete de la boda con Maite, su primera esposa y madre de sus tres hijos. Ambos son muy jóvenes y ella muy hermosa, de unos veintipocos años. Iñaki sonríe como un niño. Él lleva un clavel blanco en la solapa y ella, una flor en el moño. Están ilusionados y se nota, a punto de marchar a París. Es el año 1968. Van a tener tres hijos. Pero antes de cumplir los 30 Maite sufrirá un ataque al corazón que la condena a una muerte en vida en el hospital.

Fallece diez años después, cuando «solo era una niña». La imagen de Maite desaparece y vuelvo a ver a Iñaki en el presente, sentado frente a mí. Ha perdido esa preciosa sonrisa del día de su boda pero ha ganado en intensidad. Su voz nos trae de regreso al presente y a su propia enfermedad.

—Tuve un cáncer de colon y casi me muero. Sobreviven siete de cada diez. Estuve haciendo radioterapia, quimioterapia, tuve una operación. Estuve con una sonda casi un año. —Se recoge un instante como en un amago de postura fetal y cruza las manos para protegerse—. El cáncer me dejó muchísimas averías, pero lo viví con una extraordinaria naturalidad. ¡No me he amargado ni un solo día! Comportándome como estaba haciéndolo, he ido intelectualizando en qué consiste este asunto de la vida.

—¿Es importante mantener la serenidad?

—Debemos vivir con una gran serenidad, siendo conscientes de que, cuando uno pierde la serenidad, pierde algo que no deja de ser un juego. Si tú estás en un partido, puedes jugarlo con total seriedad pero sabiendo que el juego central de la vida pasa por otro sitio. A medida que pasa el tiempo lo veo más claro: hay que ir hacia el hombre, hacia lo humano.

»Estas son ideas clave para mí, las pienso mucho y la mayoría de mis soliloquios giran sobre eso. A mí me han ayudado y con el tiempo he confirmado lo que decía. Por eso he agradecido tanto el afecto de la gente, me he sentido fuerte y bien. No me he asustado de nada.

Gabilondo respira, examina mi expresión para confirmar que sigo aquí. Su don de crear imágenes a través de la voz me trae a la mente otra fotografía. Iñaki debe de tener unos 15 años y posa junto a su familia. Está colocado exactamente en el centro de la imagen y, desde el punto de vista de la composición, él es el eje. Sus padres están sentados en primer plano, pero a ambos lados de Iñaki. Sus seis hermanos visten trajes impecables, que han pasado de unos a otros durante años. Iñaki tiene dos hermanas, una viste hábito de monja y la otra es una niña. Al crecer los hermanos Gabilondo seguirán caminos muy dispares: una misionera, dos médicos, un catedrático de metafísica que llega a ser rector de universidad y ministro de Cultura, dos periodistas, un carnicero, un ejecutivo de la radio... Iñaki es el segundo de los nueve hermanos y por eso le toca cuidar de los más pequeños. De fondo imagino que hay una radio donde se escucha a Matías Prats, aunque no se ve en la imagen. Tampoco está la bisabuela, que murió cuando él tenía 20 años, ni los abuelos paternos, aunque viven con ellos. El joven Iñaki crece con el peso de todos sus hermanos sobre su espalda, con la idea de que sus padres no paran de trabajar, con la responsabilidad de que sus abuelos estén bien. «En la casa de mis padres aprendimos responsabilidad, que las cosas cuestan, que hay que trabajar duro», dice. El joven Iñaki se borra y el abuelo de tres nietas se recoloca frente a mí en la silla.

—Al hablar contigo tengo la sensación de que estoy intelectualizando demasiado, pero te estoy contando sentimientos verdaderos.

Afirmo con la cabeza, pero no lo expreso verbalmente; en su lugar siento la necesidad de tocarle la mano y así lo hago. Él sigue hablando.

—A lo mejor no me crees o crees que estoy haciendo una novela, pero es exactamente lo que pienso. Creo que nadie es solo un individuo. Cada uno somos muchos a la vez y todos somos mucho más que uno. No sé cómo expresarlo. Lo importante es la existencia de los demás: los hijos, la familia, la gente que no te conoce... Se trata de vivir con el sentido de que existen, y digo esto porque los demás constituyen una extraordinaria sorpresa para la mayoría de la gente. ¿Qué es la vida? Es algo que se ha hecho para que yo esté ahora aquí contigo. Tú y todos los demás son lo que rodea el asunto.

Suenan las campanas de reloj. Es hora de informativos y todo el edificio debe crujir de intensidad. Durante años la vida de Iñaki ha girado en torno a las horas en punto en las que se dan las noticias, y tiene fama de ser muy exigente. Se lo digo: «Me consta que eres muy exigente y que tienes mal genio». Y él me contesta: «Uno está en el partido y lo juega en serio, pero estas cosas ayudan a vivir porque te indican lo que importa y lo que no importa. Sí, soy muy exigente, pero siempre hay una corriente afectiva. No hay compañero que no haya llorado conmigo, todos los que hemos trabajado juntos somos muy familiares». Iñaki es doctor honoris causa por la Universidad Complutense y cada pocos meses recibe un premio. Esta tarde le darán otro.

—¿Cómo sentiste la llegada del éxito?

—Al caminar me fui dando cuenta de que provocaba un efecto en algunas personas, pero yo no estaba haciendo nada.

»La primera vez que una persona me reconoció en la calle

yo tenía 38 años y estaba en la televisión. Llevaba ocho años de enfermedad con Maite. Mucha gente me felicitaba, pero yo no estaba para eso porque por la mañana me iba al hospital. Ella era una niña y, como comprenderás, en esas condiciones a uno le cuesta que algo parezca importante.

—¿El éxito merece tanto la pena?

—Ya lo decía Kipling: «El éxito y el fracaso son unos grandes impostores», y es una gran verdad. Soy una persona poco influenciable por el éxito. Me gusta el éxito, no el fracaso, pero me lo tomo con una enorme tranquilidad. Los placeres mayores no los he experimentado cuando recogía los laureles, sino cuando hacía lo que estaba haciendo. Los premios están bien. Mañana me dan uno. Me han dado muchísimos. He tenido mucho éxito y lo sé, pero ya está. Estoy agradecido, pero no es algo que me haya cambiado mucho la vida.

El sonido de la calle crece tanto que a veces me cuesta escuchar su voz. Abajo hay gente que grita, niños que cruzan, *sex-shops*, tiendas y más tiendas: de ropa, de libros, de jabones, de perfumes, de teléfonos; cerca incluso hay un mercado donde los vendedores cantan los precios y suena la radio. Mi cámara es muy sensible al ruido, y se lo digo. Iñaki se levanta y cierra el ventanal. Pero el aire golpea los cristales y permanece el efecto de sonido del mar, que lo tamiza todo y lleva nuestra conversación por sus propios derroteros.

—¿Por qué el misterio te tiene fascinado?

—El misterio es algo fascinante. La poesía y la música forman parte del territorio fronterizo. La música, que es lo que más me gusta como placer, te lleva a un sitio donde ya no hay preguntas ni respuestas. Las certezas vacilan y el racionalismo tiene que saberse detener; eso me ayuda a pensar que la evolución sigue. Las cosas evolucionan y lo que está pasando está ahí. ¿Qué quiere decir lo que está pasando? —Me guiña un ojo, se lleva el índice a la sien y sonríe como si fuera a hacerme partícipe de un gran secreto. Silencio. Baja la voz. Habla—. Lo que pasará aún no está decidido. Eso lo resuelven los seres humanos con sus acciones y sus omisiones. Esta sensación de «está pasando» a mí me produce una gran serenidad. No solo tú puedes cambiar la realidad, sino que la realidad puede cambiar por sí sola. La evolución que se produjo en un determinado momento se sigue produciendo. Soy aficionado a estos temas, pero sé que ya no los puedo comentar. —Baja la voz, como si alguien pudiera escucharnos y él tuviera un secreto muy grande—. Ahora las reuniones exigen un punto de frivolidad. ¡Como alguien sea sorprendido haciendo un comentario serio es reprendido por los demás! —Iñaki se transforma en un frívolo comensal. Dice: «¡Eh, esos dos! Ehhhh...». El comensal desaparece e Iñaki vuelve a su ser—. Tienes que esconderte y yo creo que eso nos hace más vulnerables. La capacidad de reflexionar sobre la propia existencia de la vida te alivia.

Iñaki Gabilondo forma parte de la generación de posguerra que vivió la escasez, la dictadura y después la Transición, que creció con el ideal de crear otro mundo y ha vivido en él. Que pasaba a Francia para poder ver películas o encontrar libros prohibidos aquí. Todo lo que él ve está tamizado por ese tiempo en el que creció. Su generación protagonizó la construcción de la democracia, pero también ha vivido el desencanto de ver cómo gran parte de lo construido se viene abajo. En el viaje Iñaki nunca ha perdido su necesidad de mar, su Ítaca natal, donde su padre —José Luis Gabilondo— era detenido cada vez que el dictador visitaba San Sebastián.

—En casa de mis padres éramos una piña. Los familiares se quedaban con nosotros hasta dos meses y nunca faltaba qué comer, y eso que mandábamos paquetes de comida a mucha gente. Nuestros padres trabajaban mucho. Aún puedo verlos. —Imagen: un pequeño puesto de carne en el mercado de la Bretxa, un puesto que está impoluto. José Luis, el padre de Iñaki, habla por teléfono, y coloca los trozos de carne más pesados. Su madre —pálida, luminosa, de ojos azules y con un mechón blanco en el pelo—, ríe y sirve a los clientes. Un día José Luis, su padre, sale del mostrador y da una lección práctica a su segundo hijo—. Yo tenía 12 años y un día mi padre me dijo... —Ahora Iñaki desaparece y José Luis, su padre, habla a través de él—: «Ven, que nos vamos al otro *lao*». —José Luis Gabilondo desaparece y regresa Iñaki—. Nosotros íbamos mucho a Francia. Ese día íbamos mi abuelo, mi padre y yo. En mi familia había una hermana de mi padre que se había fugado con un anarquista comunista que era radical. Mi abuelo era nacionalista. Ella vivía en París. No se hablaba de ella porque mi abuelo no quería. ¡Era un secreto! Cuando llegamos a San Juan de Luz estaban esperándonos mi tía y su marido. Ella me dio un beso y se sentaron los cuatro en un banco. Cuando regresamos a casa mi padre se desmayó. No tengo que hacer mucho esfuerzo para entender lo que tuvo que vivir para llegar hasta allí.

—¿Aprendiste la importancia del consenso?

—Soy un convencido de familia de la capacidad del consenso y los peligros del disenso. En las reuniones familiares se respiraba la tensión, pero como queríamos que hubiera unidad, al final la hubo. Allí aprendí que si se quiere, se puede. Solo hay dos opciones: o avanzas hacia el consenso y trabajas para unir o no lo haces. Yo me crié así. En la Transición tuve la segunda lección. Los personajes de entonces decidieron que iban a entenderse. Así acumulé lecciones acerca de que la existencia de posiciones divergentes no determina nada, porque el consenso se fabrica con los disensos y es el resultado de la voluntad. Estas lecciones forman parte de mi ADN.

En la fotografía familiar José Luis Gabilondo, padre de Iñaki, es un hombre de mediana edad, viste un traje impecable, tiene un niño sentado sobre las piernas y mira a cámara. Iñaki está justo a su espalda. José Luis ha estudiado un poco en su pueblo, ha trabajado durante años en lo que ha podido y suele llevar a su hijo al María Cristina a escuchar música clásica.

—Mi padre era un personaje impresionante. Un día yo estaba en Pamplona, en la universidad. Era el centenario de Velázquez y fletamos un autobús para viajar a Madrid. Yo lo organicé, pero cuando volvimos me encontré con que algunos compañeros no me habían pagado y me faltaba dinero. Llamé a mi padre y le dije lo que necesitaba. Para mí lo peor era que pensara que yo había cometido alguna fechoría; eso es lo que más me costó. Estuve ensayando para decirle lo que había pasado. Él cogió el coche y llegó a Pamplona dos horas más tarde, pero cuando empecé a contárselo, echó mano al bolsillo, me dio el dinero y se fue.

»A mi padre le atropelló la vida. Murió de depresión porque le dio la gana de morirse. Probablemente tuvo un hijo detrás de otro y se le llevó la vida.

»El día que mi padre celebró las bodas de oro vi algo importante. Yo estaba sentado junto a mi padre, con mi hijo mayor a mi lado. —Gabilondo se recoloca en la silla, extiende los brazos, como los tenía extendidos entonces, mira a la derecha, mira a la izquierda. Me mira a mí con más intensidad aún si cabe y, de pronto, imagino su banquete y veo a los tres hombres vestidos con sus mejores galas—. A un lado mi padre, al otro mi hijo y yo en el centro. Pensé: "Luego estaré yo aquí, con mi hijo y su hijo. El *aitá*, y luego...".

Iñaki enfoca su atención de nuevo en mí y en un segundo el banquete desaparece.

—Entonces, de pronto, me di cuenta de que ahí, en ese momento, estaba perfectamente explicado el sentido. Sentado entre mi padre y mi hijo percibo con tal claridad que soy un eslabón en el proceso, que todo tiene un sentido evidente y clarificador.

—¿Y cuál es ese sentido?

—Tengo un compromiso con mis padres y he de transmitirlo a mis hijos, que a su vez lo transmitirán a los suyos. ¡Y no hay más que hablar! En esa fotografía lo percibí con toda claridad. Percibí en qué consiste este *business*. Esto es lo que hay. Ahora no está mi padre pero estoy yo, están mi hijo y su hija. Este es el sentido y para mí está clarísimo.

—¿El sentido del *business* de la vida?

—Nadie nos dice que nos han contado un cuento que lleva

a ir de un peldaño al siguiente. Te casas y luego te mueres. Este es un viaje que comienza aquí y tiene que ir hasta allá. Es algo que te aporta muchas emociones y sensaciones formidables, pero también disgustos morrocotudos. ¡Vas a pasar un drama que no te lo quita ni tu padre! ¡Esto es vivir! Padécelo, disfrútalo, pero vivir es esto. Lo que nos queda es darnos cuenta de que la vida no es lo que esperábamos.

El teléfono suena sobre la mesa. Iñaki mira la pantalla y el rostro se le llena de luz. Sonríe.

—Es Lola —dice. Y contesta:

—Sí, todo está muy bien.

Silencio.

—¡Todo perfecto!

Silencio.

—Hoy voy a comer con Gloria.

Silencio.

—Ya te contaré.

Silencio.

—Besito.

Iñaki mantiene la sonrisa bien dibujada en el rostro cuando dirige su atención a mí y a Lola. Ella era colaboradora del *Hoy por hoy* y ahora forma tándem con él: es su esposa.

—¿Y la infancia de tus hijos?

—La memoria de mis hijos la tengo muy mezclada con la de mi mujer enferma. Fueron muchos años y tuvimos tres hijos muy seguidos. No han ido al parque o al cine con su madre. Tengo el recuerdo del drama.

—¿Cómo salías de ese drama?

—Trabajando. En una enfermedad tan larga no dejé nunca de querer a mi mujer, ni tan siquiera hoy la he dejado de querer. Pero ella se convirtió en una niña y me di cuenta de que me hacía falta una mujer. Cuando conocí a Lola le confesé que jamás iba a abandonar a mi mujer. «Escápate de aquí», le dije. Y añadí: «Todo lo que yo gane es para mi familia». Pero Lola se quedó.

»Esta ha sido la gran hazaña de mi vida. Tengo todos los premios que se pueden tener, pero el premio de mi vida ha sido llegar a la situación que hemos conseguido pese a haber pasado sufrimientos que no te puedes imaginar. El premio de mi vida es que mis hijos se adoren y que me adoren a mí, y que con Lola no haya habido ni una sola perturbación.

»Cuando se casó mi hijo mayor estaban sentadas en la misma mesa mi madre, la madre de Lola y la madre de Maite. —Imagen: su madre, con bata blanca, la piel muy clara, los ojos azules. Era una mujer luminosa y que tenía abnegación por la vida. La madre de Lola y la de Maite comen juntas en la mesa y ríen. Hablan de lo guapo que está su nieto y de lo rica que es la comida. Ahora Iñaki mira al techo como si las tres mujeres estuvieran allí—. Entonces pensé: "¡Eso es! Esta es la obra de mi vida". Si me preguntan qué he hecho, pues digo: vivir con una chica maravillosa cuando éramos niños, vivir una enfermedad cruel y lograr que mi casa esté como está, que mis hijos estén como están y que Lola esté donde está. Y que todos estemos juntos y las tres familias en litigio estemos unidas. Ellas ya no están —la madre con el mechón, la madre de Maite y de Lola que ríen en el banquete—, pero ahí está la imagen.

Mira al techo y sopla de nuevo, como si las imágenes de las tres ancianas en el banquete se hubiera quedado en lo alto de su despacho. Sopla, cruza los brazos, y las tres mujeres se desvanecen para mí. Iñaki retoma su postura en la silla y su atención regresa al presente.

—Entonces fue cuando pensé: «¡Eso es!».

—¿Eso es?

—¡Sí, eso es! ¡Los esfuerzos que hemos hecho! ¡No ha sido fácil! Con Lola, la de veces que lo hemos dejado porque hemos dicho que esto no puede ser. Lola no quiso tener hijos porque ya teníamos tres, pero ahora tiene tres nietas que la adoran. Cuando aparecen las niñas y están sus padres, ellas se van hacia Lola. Todos saben las dificultades que ha tenido y la quieren mucho. Ella ha encontrado en su entorno una familia muy grande y afectuosa. Mis hijos la quieren; eso nos ha salido bien.

»He tenido mucha suerte. He conocido el amor, el placer, los disgustos, los dramas. Si alguien me dijera mañana: "*Finish!*". Yo diría: "¡Perfecto! Gracias, ha sido un placer". Oiga, que si puedo librarme, cojonudo, pero sino, ni una queja. —Sonríe con entusiasmo y ese entusiasmo se contagia. Se mira los dedos, habla—. Cuando me han pasado cosas desagradables también las he aceptado. A mí me han tocado de todos los colores, también los marrones. Y todo lo he vivido con mucha gratitud.

Este fin de semana gran parte de los Gabilondo —hermanos, esposas, hijos, nietos— se han reunido en torno a la única hija de Iñaki, que se parece a su madre y lucha con el ímpetu de su padre. Iñaki ha visitado el Museo del Prado y ha caído en la cuenta de que veía muchos cuadros con nuevos ojos, entre ellos *Las Meninas* de Velázquez. Las ostras originan perlas para protegerse del dolor que crean los granitos de arena que entran en ellas. Cada perla es pura alquimia al dolor.

—Mi hija ha venido a pasar el fin de semana. Por primera vez en mucho tiempo, porque está enferma. Ha venido contenta. Mis hijos han estado con ella, y también mis hermanos y Lola. Eso es lo mejor que he hecho en mi vida.

—¿Sientes gratitud?

—Gratitud hacia Lola y hacia mis hijos. Por haberme dado la oportunidad de saborear y de amar, de saber que todo son etapas y que nada es eterno. ¡Tengo mucha conciencia de la sangre que corre por mis venas! Estoy bien y sano, tengo amigos que me quieren y procuro que no se me olvide. —Hace una pausa, ha encontrado algún recuerdo para ilustrar esa emoción—. Te voy a contar la historia de un escritor vietnamita al que los americanos quemaron el pueblo entero. ¡No quedó nada! Ni una casa, ni un árbol. Cuando él vio que el pueblo ya no existía pensó en suicidarse. Pasó la noche escribiendo tumultuosamente, pero cuando vio el amanecer decidió seguir viviendo. ¡Los que viven en lo práctico son poco prácticos!

La voz de Iñaki arrastra, tiene ese poder. La bruma del amanecer y el humo. Un pueblo convertido en tizones. El primer rayo del sol. La costa llena de ostras y buscadores de perlas.

—El viaje ya no es una condena. La condena es la condición humana, que acaba mal porque siempre mueres. Saber que esta es una película que siempre acaba mal le da a cada momento un sentido menos dramático porque forma parte del viaje. Las situaciones no están estancadas sino en continuo movimiento.

—¿Qué se puede hacer cuando lo que conoces ya no vale?

—Tengo 72 años, me han pasado muchas cosas, pero me han estabilizado las cuatro o cinco cosas que podían decir los padres a sus hijos hace mil años: ser decentes es la clave de todo. Cuando te haces mayor sabes que esto no es tan complicado. Lo de ser decente con los demás te ordena un poco las cosas.

El rostro de Iñaki se llena de pasión por las palabras, que se esparcen por la habitación como luciérnagas. A Iñaki su hermano Ángel, catedrático de metafísica y exministro de Educación, le llama «romano». Cuando se juntan a veces hablan de filosofía y también del discurso de Sócrates antes de morir, que tantas veces ha leído Iñaki desde su juventud. «A los 17 años leí muchas veces el discurso que Sócrates pronuncia ante sus amigos antes de tomar la cicuta, que es el ejemplo perfecto de lo que venimos hablando. Ahí se recoge la serenidad del hombre ante la muerte y la vida, está muy claro, pero no me di cuenta hasta más adelante.»

En mi imaginación aparece el joven Iñaki, que lee con avidez todo lo que cae en sus manos, y un día, cuando estudiaba PREU, descubre el discurso de Sócrates, que a él le «amuebló» la mente: «Durante el año estudiabas cinco temas: Platón, el *Quijote*, los concilios ecuménicos. Desde entonces me gustan los elementos constantes».

—¿Qué hacer? —insisto.

—Toda esa búsqueda desesperada en estos momentos donde no hay nada y nada de lo que sabías vale y no tienes seguridad en nada lleva a buscar de nuevo esos universales: Sócrates, los valores, los orígenes, el sol que sale, el amanecer. Buscar esos elementos permanentes, esa sí que es una maniobra rentable.

—¿Cómo podemos remontar como sociedad?

—Cuando el mundo se ha encontrado en atolladeros como este siempre ha salido con una explosión. Nunca ha encontrado otras vías de escape. El sueño del consumo ilimitado en un mundo limitado, las contradicciones que salen de todo esto, nos hablan de un tren que circula por una vía que lleva hacia la destrucción. A mí no me queda ni un solo rincón de esperanza. Pero tengo esperanza en el vivir, en darle algo a tu vida para que los tempos y paladares te sean protegidos. En crear tus burbujas, tu gente, tu manera de vivir, de amar, de viajar; en ser atrapado lo menos posible por este asunto del consumo. Cuando quiero depositar mi esperanza en algún lado, la deposito en la ciencia.

—¿La ciencia es una esperanza personal para ti?

Iñaki se levanta y va hacia la mesa, coge su iPad, lo enciende, coloca el índice sobre la pantalla y lo va moviendo por sus páginas de inicio. Varias son webs de revistas científicas como *Science* o *Nature*.

—¿Lo ves? Cuando quiero encontrar una esperanza solo puedo hallarla en la ciencia. ¿Por qué? ¡Si no entiendo prácticamente nada de lo que dicen! Pero todos los días reviso esas páginas, porque siento que estamos en la frontera de millones de cosas que pueden traer cambios fundamentales para la humanidad. En la astrofísica, la neurociencia, la nanotecnología, en todos estos ámbitos están a punto de pasar cosas. Ahí deposito mi esperanza.

»La evolución sigue y puede haber sorpresas. Ahí está mi esperanza. También confío en mi propia alimentación. Que lo que yo vea es lo que hay, la capacidad de sorpresa con lo que traerá el futuro es la segunda, y la tercera es la gran cantidad de cosas que están a punto de estallar en campos extensos y que yo detecto por el olfateo de todos los días.

—Tengo la sensación de que con la tecnología en realidad el mundo ya ha cambiado, pero vivimos con esquemas de un mundo pasado que ya no existe...

—La acción se va haciendo paulatinamente, es algo que está pasando poco a poco.

—¿Cómo podemos afrontar este tiempo?

—Reconociendo valores no materiales sin negar lo material. Se trata de que entren en tu lote de cosas; que te quepan la belleza y la introspección. De los valores materiales no puedes escapar, pero lo importante es que no caigas prisionero de ellos, para que te quepan más cosas. Me defiendo bastante bien con mi mundo interior, pero eso forma parte de unos niveles de desarrollo que en la sociedad se hacen hueco con bastante dificultad.

Iñaki vuelve a mirarme. El Cantábrico está en sus ojos y me lleva junto al joven que fue y aún habita dentro de él cuando relee con pasión las últimas palabras de Sócrates hasta hacerlas propias: «Ya estaba casi fría la zona del vientre, cuando descubriéndose, pues se había tapado, nos dijo, y fue lo último que habló: "Critón, le debemos un gallo a Asclepio. Así que págaselo y no lo descuides"».

—¿Cual es tu sueño?

—Me gustaría mucho convertir mi ancianidad en una obra de arte, una modesta obra de arte. Me gustaría hacer bien este tiempo, mantener la dignidad, saber despedirme.

Iñaki no tiene programa diario. Pero miles de personas buscan en los libros su voz. Leo *Testigo de la historia*: «No me rindo, sigo siendo uno de los nuestros. [...] Sin duda me siento desengañado, herido, con las ilusiones marchitas y los sueños apolillados, pero no tengo intención de morirme ni de abandonar mis ideales. [...] Pienso morirme siendo uno de los nuestros». Iñaki vuelve a mirarme. La radio desaparece y yo veo el mar, huelo el salitre y el puré de patatas con mantequilla. La arena de la playa. Las ostras encerradas en sí mismas.

Acabamos nuestras horas de entrevista y él se pone de pie, me da tres besos, me pregunta «¿Cómo estás tú? ¿Qué ha sido de tu vida?», y me desea suerte. Su secretaria, Marisol —María Soledad—, me acompaña a la salida. De camino charlamos un poco más: «Al principio, cuando me pusieron con él, pensé que por qué me había tocado alguien tan exigente precisamente a mí. ¿Acaso no había más gente para trabajar con él? Pero pronto me di cuenta de la suerte que había tenido. Ahora doy las gracias por estar aquí». Los ojos oscuros de Marisol ganan en intensidad y empieza a brillar algo dentro. «Iñaki te nutre. ¡No paras de crecer con él!» Marisol abre la puerta y me quedo sola en el oscuro rellano de la escalera con la idea de que ahora entiendo su intensidad al hablar, la entrega en el trabajo, los libros; que él —Iñaki Gabilondo— mantenga un *blog* diario. Pese a los muchos laureles y bambalinas del éxito, su historia en realidad ha sido y es una aventura de constante superación del dolor, de la enfermedad y la muerte, pero también una hermosa historia de cómo el amor es capaz de enseñar lo mejor de la vida.

Salgo a la calle y en cierto modo vuelvo a verle. No a él, sino a lo que él y su historia ha convocado en mí. Lo descubro cuando miro el horizonte al fondo, más allá de las tiendas de ropa, de perfumes, de teléfonos, de libros, y centro mi mirada en ese cielo imperecedero que suele verse en el centro de la ciudad. Pienso que a una ostra debe causarle mucho dolor un granito de arena. El día sigue pálido, y sobre el parque un inmenso nubarrón esconde el sol en un cielo que se aparta de pronto. Queda una bruma tras la cual luce como una gigantesca perla blanca.

MIGUEL DELIBES CASTRO

La fuerza de la vida y la maestría de la tierra

Entre el hombre y la Tierra hay un abrazo profundo, el cordón umbilical irrompible que puede haber entre el niño y la madre. Si el cordón se rompe, el niño muere y la propia madre está en peligro.

Félix Rodríguez de la Fuente

Los dinosaurios tardaron más de un millón de años en extinguirse. Ahora en pocos años se producen multitud de extinciones parecidas a aquellas.

Miguel Delibes Castro

La exigencia fundamental para estar bien en la vida es estar bien contigo mismo, lo que no quiere decir que debas ser exigente contigo sino coherente. No justificar cualquier decisión incoherente que hayas tomado porque te vas a encontrar desubicado ante ti mismo, eso me parece fundamental.

Miguel Delibes Castro

Comienzo este viaje con la idea de que la Tierra es un gigantesco ser vivo que puntada a puntada entreteje con apaños todo lo que encuentra. A lo largo de miles de años, pieza a pieza, especie a especie, elemento a elemento, el planeta ha trenzado la vida sobre su cuerpo mientras, como una vieja sabia, parecía decirse: «Esto lo coloco aquí y esto otro aquí, para que no se pierda». Por lo que sé, la vieja Tierra —Gaia— respira y siente, pero ahora está herida, gravemente enferma. El cambio climático, la destrucción de la capa de ozono, la desaparición de incontables especies, la contaminación del agua, parecen síntomas claves del peligro que corre la vida tal y como la conocemos. Pero hay quien dice que, aun así, la Tierra es capaz de enseñarnos a vivir y morir en cada instante. Conduzco en dirección a Valladolid para escuchar algo parecido a través de un hombre con fama de conocer bien nuestro planeta. A sus cerca de 70 años disfruta como un niño cuando acampa bajo el cielo raso, cocina a la intemperie y le gusta sentir la caricia del aire en su piel si va en bicicleta. Y se nota. Con esa forma suya de hacerte sentir parte de lo que sabe, Miguel Delibes de Castro —biólogo, investigador, divulgador, presidente de la Sociedad de Participación de Doñana— tiene mucho que enseñar. «Me encanta», me ha dicho un querido amigo biólogo dedicado a la investigación. Por algo Doñana es un espacio paradisiaco de marismas y monte que acoge cientos de especies salvajes, pero que ha tenido que afrontar la catástrofe de un vertido tóxico, y para mí en cierto modo esto lo convierte en una especie de alegoría del planeta Tierra. Por eso cuando llamo al timbre de la casa de su hermana Elisa y la puerta se abre me pregunto si es verdad que la naturaleza enseña a vivir. Después sonrío, doy las gracias y me siento maravillosamente bien. Objetivo: la Tierra.

Es la primera vez que nos vamos a ver aquí, en su ciudad natal, en Valladolid. Pero hace unos meses desayunamos en el céntrico café Comercial de Madrid. Él tomaba pan con aceite y yo un té. Entonces me habló de posibles objetivos para poder tratar la enfermedad del planeta: «Hay que potenciar la capacidad de decisión de las mujeres, consumir menos combustibles fósiles, frenar el calentamiento global. ¿Cómo podemos llegar hasta ahí sin una revolución sangrienta? ¿Cómo puede trastocarse todo el orden capitalista sin cometer injusticias? No lo sé. Mi mayor preocupación ante la sociedad es que el mensaje naturalista sea demasiado catastrófico, porque eso inclina a la pasividad». Durante varias horas hablamos también de cómo el cambio ambiental que vivimos, que es dramático para la supervivencia de las especies, para muchos científicos es catastrófico. «Los dinosaurios tardaron más de un millón de años en extinguirse. Ahora en pocos años se producen multitud de extinciones parecidas a aquellas.» Y, ante todo, hablamos de nuestro maravilloso planeta azul, que se comporta como un ser vivo que respira bajo nuestros pies. «Cuando se planteó la idea de Gaia parecía un cuento de hadas. Pero hace unos años se descubrió el ciclo anual del CO_2 en la atmósfera, al que se llamó la respiración de la Tierra. En verano disminuye el CO_2 porque se fija en el hemisferio norte en forma de hojas, ramas y frutos. En cambio, en otoño e invierno el CO_2 de la atmósfera disminuye, y recuerda a la inspiración y la expiración. Pero ahora hemos superado esa capacidad de regulación natural y el sistema está en peligro. Es como si forzáramos a una depuradora a trabajar por encima de su capacidad.»

En aquel café situado en el centro de Madrid, para mí se diluyó la contaminación del exterior y viajé a parajes de pura tierra virgen. Sobre todo al paraíso de Doñana, cuyo centro de investigación dirigió Miguel durante ocho años. A través de sus palabras proyectaba un mundo entretejido por las leyes de la evolución y yo pude entrever el tapiz de tapices donde todo está relacionado y todos dependemos unos de otros desde el comienzo de la evolución. Colores distintos, dibujos dispares, raíz idéntica. La vida y esas trenzas que arrastra. Rodeados de espejos, de viejas mesas de mármol y de los decorados con solera del viejo café madrileño, poco a poco la voz de Delibes me empujó a imaginar delfines, lobos, abejas, linces, lagartijas y hasta leones, mientras yo recordaba que si sabes mirar la naturaleza con ánimo de aprender —Gaia, madre Tierra, Pachamama— también aprendes claves para afrontar el arte de vivir cada día, de fluir en el tiempo que toca y morir a cada instante. «¿Qué me han enseñado los animales? —me dice Miguel—. Me han enseñado tanto que no sabría cómo expresarlo. ¡Me lo han enseñado todo!»

Han pasado varios meses desde nuestro encuentro, pero sus palabras me han acompañado como haces de luz. Por eso, cuando su hermana Elisa abre la puerta y me invita a pasar, estoy llena de expectación por todo lo que voy a descubrir acerca de la vida en la Tierra, pero también acerca del propio viaje de una persona muy unida a ella que ha experimentado tan de cerca el desastre y la lucha por salir adelante en el paraíso de Doñana. Sin embargo, en vez de a Miguel encuentro a alguien un poco menor —su sobrino nieto, de unos 4 años— que se me planta delante para contarme que ha venido a la casa de la abuela a buscar los regalos y que vive en Barcelona. Lleva una capa roja de superhéroe y, tras escrutar hasta el más ínfimo ángulo de mi rostro, se ha presentado —«Hola, ¿cómo te llamas?»—, me ha examinado y, como si quisiera ponerme a prueba en el más claro estilo de Saint-Exupéry, me ha hecho una pregunta:

—¿Conoces el mar?

—Pues claro que conozco el mar. Tiene agua, es azul y muy grande.

Y después otra:

—¿Te gusta el mar?

—Pues sí, me gusta mucho el mar.

El superhéroe ha hecho unas cuantas piruetas sobre el sofá, por entre las sillas y las mesas. Ha regresado a mí muy serio y me ha planteado la tercera gran cuestión:

—¿A que no sabes cómo se llaman los habitantes de la Luna?

—¿A que sí?

Como buen superhéroe, el niño ha cogido su arma personal —hecha con palos de polo coloreados con rotulador—, me ha apuntado con ella, ha arrancado un imaginario vehículo, *bruuuum, bruuuuuuum, bruuuuum*, y ha conducido en torno a mí mientras repetía con insistencia su pregunta:

—¿Cómo se llaman los habitantes de la Luna? ¿A ver, cuál es su nombre? ¿A que no lo sabes?

—Claro que sí. ¡Se llaman selenitas!

El pequeño se ha puesto en jarras con gesto de haber ganado la partida.

—Pues no. ¡No lo sabes! ¡Los habitantes de la Luna se llaman lunes!

Es viernes de Pascua y la ciudad de Valladolid —Pucela como segundo nombre— parece haber salido al completo a la calle de Santiago para hacer sus compras navideñas. Estamos en el centro del centro de Castilla y León, y hasta aquí llegan las aguas de los ríos Esgueva y Pisuerga y también del Canal de Castilla. Hoy no ha nevado, pero el cielo está cubierto. Fuera hace un frío gélido. Cuando Miguel Delibes de Castro llega a la casa enfundado en su abrigo, queda poco tiempo de luz y pienso en el atardecer de Doñana a estas alturas del año, también en las aves que han llegado del norte de Europa para guarecerse del frío, y en los últimos linces con vida. Doñana es una *melange* de bellos ecosistemas.

—Estoy a tu disposición —dice.

Miguel no es ni alto ni bajo, ni fuerte ni enclenque, ni muy moreno ni muy blanco, pero su piel está curtida con desiguales tintes dorados como de oro pálido. En los últimos días ha visto mucho sol y durante muchas horas en Omán, por donde ha viajado en piragua junto a los suyos. Miguel está lleno de vitalidad y sus ojos desprenden un entusiasmo juvenil. «Es un buen ser», pienso en cuanto lo veo y me lo imagino tarareando las canciones de los Beatles, que me consta que le gustan. Él es el mayor experto en el lince ibérico. Como si se hubiera mimetizado con el felino, hay un par de detalles en él que llaman poderosamente mi atención. El primero está en el centro exacto de sus ojos. A mi parecer, Miguel Delibes de Castro tiene la pupila sutilmente alargada y un iris verde que se contrae y dilata a golpe de pregunta. El segundo es una especie de pacífica tensión que parece envolverle: Miguel se pone alerta en cuanto capta un matiz en mis preguntas que no le gusta. Es culto y al mismo tiempo parece actuar a la manera de los hombres llanos, de campo, que no tienen problemas en llamar a las cosas por su nombre, trepar por un árbol o meterse en un barrizal. Asesor de la Cumbre de Río, conservacionista, defensor de la biodiversidad y de los mamíferos, es padre de dos niños, hijo primogénito del escritor Miguel Delibes y está convencido de que los animales no son tan diferentes a nosotros y que nos enseñan a vivir. La Tierra y la evolución nos unen a todos, la vida nos trenza.

—Conozco una persona que compara la biodiversidad de la Tierra con la necesidad de que en la sociedad seamos distintos. Dice que lo más importante es que haya de todo para nutrirnos mutuamente al igual que en la Tierra tiene que haber insectos y toda clase de plantas. «Hasta las malas hierbas son importantes», suele decir. ¿Qué te han enseñado a ti los animales? ¿Cómo enseña la naturaleza?

—Tanto que no sabría cómo expresarlo. ¡Me lo enseñan todo! Los animales me enseñan que vivir es extraer del medio lo que puedes pero sin romperlo, me enseñan a tener prudencia en el uso de los recursos, me enseñan que a veces puedes perder la cabeza. Los lobos, cuando entran en un corral sin perro, pueden matar todo lo que pillan, y ellos te enseñan que debes aprender a controlarte. Una planta o un animal es feliz con tener lo suficiente para seguir vivo al día siguiente, dejar descendientes, no acumular cosas, no tener más que al vecino. Te enseñan que la cooperación es una buena manera de tener éxito, pues hay muchas especies sociales que colaboran con otras o consigo mismas. Las hembras de lobo del primer año ayudan a criar a los cachorros al año siguiente, cazan socialmente. Entre los primates, el grupo se defiende mejor porque los individuos se especializan en tareas distintas y eso beneficia a todos.

»Los insectos te enseñan que existe una manera de tener éxito biológico basada en la cooperación y no en la competencia con el vecino.

»En los delfines se ha descubierto que auxilian a los heridos, que son reflotados por sus compañeros para que salgan adelante. Es algo que también se ha descubierto en chimpancés.

»En ciencia, que es una actividad muy competitiva, se suele decir que la ayuda mutua nos beneficia a todos. Si Doñana va bien, todos vamos bien. La tendencia general, sin embargo, es ponérselo difícil a los otros para destacar uno mismo.

Estamos en una habitación amplia cuyos muebles y sillones dividen el espacio en dos. Uno de estos mira a la chimenea, donde hoy no arde fuego alguno ni parece haber ardido en mucho tiempo, y el otro mira a los ventanales. Los sofás son claros y también las alfombras. Hay varias lámparas y mesitas, y en una de ellas Elisa —su hermana— ha colocado la bandeja con una taza de té aún humeante. Algunos cuadros adornan las paredes y, de entre ellos, secuestra mi atención un Vela Zanetti con un anciano labrador tocado con una boina negra y acompañado de su nieto que, aunque es un campesino de Castilla, bien podría ser un típico hombre de Doñana del siglo pasado. Ambos me hacen tomar conciencia del lugar donde estoy. En cierto modo, para mí Vela Zanetti ha sido a la pintura lo que Miguel Delibes a la literatura: la voz del mundo rural y de la tierra. Y el hombre que tengo frente a mí se ha nutrido de ambos como un tapiz se nutre de sus hebras, pero él ha logrado tener su propia visión, su propio diseño. Volar por sí mismo.

—Desde el punto de vista humano, muchos comportamientos ambientales son crueles. Un lobo viejo no tiene valor para la manada, es un paria. Los científicos se preocupan de por qué las mujeres viven tantos años después de su época reproductiva, porque biológicamente es algo raro. La interpretación que ofrecen es que es importante que las abuelas cuiden a los nietos. Tener abuela es un valor evolucionista.

»La empatía y el cariño a los cercanos es algo biológico, porque dándonos ayuda mutua nos beneficiamos todos, que tenemos muchos genes comunes. Para que puedas esperar ayuda de los demás tienes que prestarla también cuando llegue el momento.

—¿Qué nos define como humanos? ¿Somos muy diferentes del resto de los mamíferos?

—Somos un mamífero muy evolucionado que en los aspectos emocionales no tiene tanto que envidiar a otros mamíferos, pero poseemos un sentido del universo y una capacidad de vernos a nosotros mismos y de ver nuestro papel que nos hace especiales. Aunque he sido capaz de aportar poquísimo al conocimiento del mundo, me parece maravilloso que esa sea una tarea humana.

El ruido de la calle llega hasta aquí. Los coches se escuchan a lo lejos y a mí me recuerdan el daño que la contaminación hace sobre la capa de ozono, de cuya existencia depende nuestra vida en la Tierra. Pero aquí dentro las paredes son blancas y el suelo de madera; algunos muebles tienen cierto toque ochentero y otros son tallas de nobles maderas viejas. Sin embargo, la sensación es de vacío, de hogar abandonado que añora otros tiempos. Este fue el lugar donde su padre vivió los últimos años y donde —un fin de semana de cada cuatro— lo acompañó. De la pared donde está el sillón grande cuelga el retrato de una bella mujer vestida de rojo que nos observa. «Mujer de rojo sobre fondo gris.» Es la madre de Miguel, que murió muy joven. En la entrada del piso familiar de Miguel Delibes hay una estantería, un *secretaire* y una escalera de caracol que enlaza con la vivienda de arriba, donde vive su hermana Elisa. Aquí padre e hijo dieron forma *a La tierra herida*, donde exponen de forma muy gráfica el estado actual del planeta y el porqué de la alarma. Miguel, al terminar la carrera, trabajó durante tres años en la enciclopedia *Fauna* junto a Félix Rodríguez de la Fuente, el divulgador que acercó a la Tierra a varias generaciones, también a la mía. Aún recuerdo el día que murió. En la escuela tuvimos una especie de luto y muchos niños y niñas lloraron, yo entre ellos. Recuerdo también los programas que Rodríguez de la Fuente hacía y cómo dotaba a los animales de cierto carácter humano con sus historias hasta lograr que la gente se identificara con ellos. «Un escritor me enseñó a amar la naturaleza y Félix Rodríguez de la Fuente me enseñó a escribir», suele decir Delibes Castro. «Félix Rodríguez de la Fuente cogía los guiones, ponía los pies encima de la mesa, dictaba a una secretaria y solo hablando conseguía escribir quince folios. Para mí es conmovedor. Un hombre con pocos retorcimientos que se dejaba ver por dentro. Un hombre directo. Una vez leí en un libro alemán que el autor decía: "He ordeñado muchas vacas, pero el queso es mío". Y pensé: "Se lo voy a contar", porque él hacía suyo lo que tomaba de los demás. Se lo conté y nos reímos. Un mes después él me dijo: "Como he dicho toda mi vida, he ordeñado muchas vacas, pero el queso es mío". Félix era como una esponja, lo asimilaba todo. Cuando le dije de dónde venía aquello, me contestó: "Pues yo creía que lo había pensado yo mismo". Alguna vez discutimos. Él era un señor importante y yo, un becario asustado. Pero me dio un abrazo y dijo: "Así me gustan las disputas, como castellanos viejos".» A medida que habla me parece escuchar la banda sonora de la serie *El hombre y la Tierra*, ver los fascículos de la enciclopedia *Fauna*, que Miguel también redactó, y recuerdo la grata sensación al descubrir a la fauna salvaje con emociones y sentimientos casi humanos. Me acuerdo del águila real sobrevolando el campo, del heroico lince que logra sobrevivir pese a todo, del lobo y su aullido, de la cabra montés sobre la cordillera. Todas esas imágenes han nutrido —y nutren— al hombre que tengo frente a mí; duermen como hebras en algún estrato de su memoria y deben de haber ayudado a crear su propio ideario para afrontar la vida.

—¿Cómo se pueden vencer los miedos?

—Si tengo miedo intento evitarlo y no dejarme arrastrar a situaciones de pánico muy negativas. Uno intenta no dejarse ganar, pero siempre se tienen miedos. El miedo es algo que paraliza, que no te ayuda, pero no siempre se consigue vencerlo. A veces se vence con ese optimismo al que Gramsci llamaba «el optimismo de la voluntad». Porque si te dejas ganar por «el pesimismo de la inteligencia», que decía Gramsci, no haces nada. Te entra miedo y esperas pasivamente a que te caiga la bomba atómica. El optimismo de la voluntad va contra toda inteligencia. Tu voluntad te dice que has de ser optimista, que, para no dejarte ganar por el miedo, has de creer que hay una salida e intentar buscarla. A mí a veces me ha entrado un miedo paralizante que no supe vencer. Una vez tenía que pasar por un tronco sobre un río y empecé a pensar que no era capaz. Estuve paralizado sufriendo temblores de pánico, pero al final me decidí a pasar casi con los ojos cerrados. Los guías me dijeron que lo hice muy bien.

—¿Y el amor? ¿Por qué es imprescindible?

—Todos los amores son imprescindibles y forman parte de nuestra naturaleza. Soy bastante biologista y creo que evolutivamente nos ha ido bien con parejas estables, queriendo a nuestros antepasados, formando núcleos familiares que se basan en el amor. Creo que el amor a la humanidad nos permite salir de los problemas. En una Tierra cada vez mas pequeña, hemos adaptado el amor a nuestra pareja e hijos, a nuestro grupo, a un pueblo, a nuestros antepasados. Esos valores han ido creciendo y a veces decreciendo a medida que nos extendíamos en nuestro entorno. En una Tierra cada vez más pequeña, el amor tiene que extenderse a todos los habitantes y eso vamos a tener que hacerlo. Hemos de saber que toda persona es como nosotros. El mundo de hoy es global, todos somos iguales. No existe el diferente, no existen las fronteras. Hemos de permeabilizar nuestro amor.

—Conocí a una anciana de Alaska llamada Rita Pipka que me dio un consejo: «Cuando pienses siente, cuando sientas piensa».

—Posiblemente tenga toda la razón. En mis charlas suelo decir que hay que dar importancia a la cabeza a la hora de tomar decisiones, pero que no debemos olvidar que somos personas de corazón y que ambos, mente y corazón, nos aportan formas de conocimiento muy valiosas. Tomar decisiones sintiendo, y también entendiendo racionalmente, es mejor que fiarse solo de una de las dos percepciones. Los científicos tendemos a enfatizar la razón. Es importante que la sociedad apoye la ciencia y su racionalidad, pero también son importantes la solidaridad, la empatía, sentirnos cercanos de los demás, saber que las soluciones no son para ti sino para la humanidad. El corazón debería aceptar la práctica racional.

Fuera cae la tarde y la luz se vuelve tenue. Muy cerca de la ciudad de Valladolid, en los montes Torozos y también en Tierra de Campos, las manadas de lobos buscan comida y aúllan al frío. Cada manada lobuna es también una familia y cada individuo tiene su propia personalidad y desempeña un papel en la vida de los demás. Las especies también son hebras del tapiz de la Tierra. Delibes de Castro es presidente de la Sociedad Española para la Conservación y el Estudio de los Mamíferos (SECEM) y sabe que aún quedan muchos grandes mamíferos vivos, pero que desaparecen rápidamente.

—¿Los otros? ¿Por qué es importante cuidar de los demás?

—Creo que hay que ser muy cuidadoso con los demás. No

hay que dañarlos ni tampoco decepcionarlos. A mí me cuesta mucho juzgar, porque me pongo en el pellejo de todo el mundo, quizá porque quiero que ellos me traten de la misma manera. Tienes que tener en cuenta el daño que puedes provocar, y también la ilusión.

»Una de mis normas morales es la idea de tener en cuenta al prójimo. Creo que procede de mi padre. Una vez se me pasó el plazo para hacer la mili universitaria y pedí auxilio a mi padre, que tenía algunas influencias, pero él me dijo: "Eso es responsabilidad tuya". Así es que tuve que demorarlo un año.

Las pupilas de Miguel se dilatan y la luz entra por ellas como si fueran la cerradura de una puerta hasta que crean un efecto semejante al de los ojos del lince, el gran felino salvaje que pervive en nuestros bosques.

—Alguna vez me han ofrecido un premio por algo que no había hecho y me han dicho: «Escribe un artículo de un tema y te damos un premio». En tiempos me llegaron a ofrecer un millón de pesetas. Me dijeron: «Tú preséntate y te lo damos». Pero me lo pensé, llamé y dije que no. «¿Por qué?», me preguntaron. «Porque he pensado que mi padre no lo haría, y porque perjudica a los que se presentan de buena fe y no saben que lo tenéis dado.»

Las pupilas de Miguel se contraen y el lince que yo veo en él desaparece y aparece el científico. «El ser humano es una especie más, el primero de la clase, pero una especie más.» Miguel es el mayor experto en el lince ibérico, que es una de las especies más amenazadas del mundo. Que haya sobrevivido es casi un milagro, y el fruto del trabajo de Miguel y de otros como él. Pero miles de especies mueren sin que nadie lo sepa. Diseños únicos de la evolución que se cortan abruptamente y para siempre del inmenso tapiz que supone la vida en la Tierra. «¿Acaso importan?», se preguntan muchos. «La vida parece seguir sin ellos», responden los demás. Sin embargo, se trata de un problema «serio —dice Miguel— y es preciso hacer ver que no solo es una pena que se pierdan especies, sino que eso puede afectar a nuestras condiciones de vida. Puede que los tornados y los huracanes tengan algo que ver con ello y de hecho ya están matando a mucha gente, puede que estén relacionados con el cambio climático. Hay enfermedades emergentes que tienen relación con ciertos cambios experimentados en el medio ambiente. Ahora mismo no sabemos cómo necesitamos a esas especies. Si se extinguen es porque somos muchos, porque explotamos la Tierra sin ningún límite, porque no hay una regulación global que nos diga cómo debemos hacerlo si queremos ser prudentes. Con nuestro sistema social y económico, cada cual intenta obtener riqueza».

El olor a papel viejo llega en una nueva ola y me devuelve al aquí: a Valladolid, al despacho de Miguel Delibes padre, que hoy tiene las persianas bajadas. A pocos metros la gente hace sus compras navideñas. Me pregunto cómo enseña la Tierra a vivir.

—¿Cómo puede uno estar moderadamente a gusto consigo mismo?

—La exigencia fundamental para estar bien en la vida es estar bien contigo mismo, lo que no quiere decir que debas ser exigente contigo sino coherente. No justificar cualquier decisión incoherente que hayas tomado porque te vas a encontrar desubicado ante ti mismo, eso me parece fundamental. En el resto doy más peso a los demás. Pienso que los otros pensarán también cómo van a estar más a gusto y ese me parece un motor importante para las decisiones.

»No he pensado demasiado cómo estoy mejor o cómo estoy más a gusto, simplemente estoy. Creo que hago lo que hace falta para estar mejor. Por ejemplo, me cuesta ir a trabajar en bicicleta porque por las mañanas hace frío, pero me conozco a mí mismo y sé que llego más contento si voy en bicicleta. Además, si me paro dos meses, a mi edad ya no me voy a poder levantar. Intento prever mis limitaciones. Si algo no te gusta nada, pues has de intentar que te acabe gustando, intentar no sentirte limitado. Yo doy mucha importancia a los demás. Intento entenderlos y hacer que estén relativamente a gusto, cosa que me parece relativamente fácil. Procuro contribuir a que la vida en grupo sea más amable. Creo que tengo bastante facilidad para empatizar y ponerme en la piel de otros, a veces demasiada.

—Pareces una persona alegre. ¿Cómo mantienes la alegría?

—No creo tener ninguna clave especial. Probablemente depende más de tu forma de ser, de cómo te tomes las cosas y del valor que les das. Todo depende del cristal con el que se mira. En la vida de cualquier persona hay elementos para verlo todo muy oscuro o para verlo todo claro. Hay que hacer un esfuerzo consciente para resaltar y poner en valor esas partes más luminosas.

»Mi padre, que era pesimista, decía que todo nos ha salido mal. Y yo contestaba que todo nos ha salido bien menos que mi madre murió en una operación de relativo poco riesgo. Solo había un 2 % de probabilidades de que saliera mal y nos tocó.

Él se quedó viudo a los cincuenta y pocos, y los hijos nos quedamos huérfanos entre los 25 que tenía yo y los 11 de la pequeña; eso nos salió mal. Pero, en líneas generales, todo lo demás nos ha salido bien.

Desde el piso de arriba llegan rumores de charla y cháchara, de risas. La familia se ha reunido y la memoria de los abuelos está presente en cada una de las personas que la componen, sobre todo en Miguel, que es el mayor. «A los 8 años míos y 6 de mi hermano Germán pusieron en el cine una película de Cousteau. Entonces el cine valía cinco pesetas y nuestros padres nos daban tres. Aunque sabían de nuestra pasión, ellos decían que debíamos reunir quince pesetas, porque también teníamos que pagar la entrada a la señora que nos cuidaba. Nosotros sabíamos que los recursos eran limitados y que había lo que había. Estaba arreglado así.» Ha pasado mucho tiempo y ahora Miguel Delibes de Castro vive en Sevilla y está casado desde hace más de media vida. «Mi mujer, Isabel, ha sido esencial. Ella ha sido de buen conformar. En el 73 se vino a vivir conmigo a Doñana y no teníamos electricidad. No teníamos correo ni teléfono, y agua caliente solo a veces. Ella era estudiante de derecho, pero se adaptó y lo pasó bien. Cuando nació nuestro primer hijo no aguantamos la vida en Doñana, donde formábamos una comunidad tipo balsa, y nos fuimos a Sevilla. Ella terminó la carrera y ha trabajado toda su vida como funcionaria. Tenemos un hijo investigador y biólogo, Miguel, y una hija historiadora e investigadora, Rocío.»

—¿Es importante conformarse con lo que hay?

—A mí me echan en cara que he sido poco ambicioso. Tal

vez eso ha sido importante: conformarse con lo que uno tiene y no aspirar a más. Nunca me he planteado irme de Doñana a una universidad fuera de España, a pesar de que me lo ofrecían. Me han hecho ofertas en empresas privadas pagándome tres veces más de lo que cobraba como investigador. Me decían: «Esta es una oferta que no vas a poder rechazar». Sin embargo yo la rechazaba. «Pero ¿cómo? —me decían—. ¿Por qué?» «Pues porque Madrid me gusta menos, porque me gusta lo que hago aquí, y eso no se paga con dinero», respondía yo.

—¿Y la felicidad? ¿Cómo puede uno ser feliz?

—No me planteo qué es ser feliz. Todo lo que he hecho en mi vida ha sido porque me gustaba y yo tiendo a ver las cosas de forma más optimista que pesimista.

»Con lo mismo, uno puede estar contento y otra persona no. Yo estoy contento con lo que hago. Podría haberme jubilado, pero sigo trabajando, voy en bici, escribo artículos científicos, y eso son razones para ser feliz. ¿Que si he sido feliz? Si empiezas a filosofar es complicado. De joven leí *La conquista de la felicidad* de Bertrand Russell y se parecía bastante a lo que he experimentado yo mismo.

A medida que habla, la memoria de Doñana entra en la sala y eso me estremece: tenemos aquí las marismas, las dunas, el monte. El cielo teñido con los colores de las aves y los insectos en primavera: verdes, azules, amarillos, rojos, violetas. Los amplios horizontes preñados de vida salvaje. ¡El paraíso es real allí! Las especies conviven en diálogo constante y la sensación es, para mí, casi mística; esa misma sensación que se experimenta ante la puesta de sol junto a un gran río o en un desierto. Regreso aquí con el olor a papel viejo que emerge del despacho adyacente, donde los libros están ordenados a la perfección: A, B, C, D. En *La conquista de la felicidad*, Bertrand Russell plantea que la felicidad no es un don o un regalo o una mera actitud, sino algo que se consigue a base de cultivarlo: «Cuantas más cosas interesen, más oportunidades de felicidad». A sus casi 70 años Delibes dice tener una curiosidad muy grande:

—Me cuesta mucho ir a un sitio sin ver los árboles, sin cuaderno de campo, sin tomar apuntes del pico de una gaviota. Informarme, conocer... Y en mis viajes hago estudios, pequeñas investigaciones. Yo me enriquezco cuando formo grupos, cuando todos nos sentimos cercanos; en esas situaciones en que, por ejemplo, somos quince y vamos a estar ocho o diez días en tiendas de campaña, cocinando. Y si además aprendo algo, entonces me siento felicísimo.

—¿Por qué estar en la naturaleza?

—Yo en la naturaleza disfruto muchísimo. Me siento bien, porque me parece lo más real. Creo que estamos programados para conocer a los vecinos y en la naturaleza es más fácil. Nosotros íbamos desde niños a Sedano, un pueblo de Burgos, y allí sigo saludando a la mayoría de la gente, aunque no la conozca. Me gusta estar en un pueblo y saludar y que te contesten. La naturaleza desde ese punto es muy relevante; ahí es difícil sentirse solo, porque está llena de estímulos que motivan mi curiosidad.

En el piso de arriba, el niño juega. Pienso en la infancia de Miguel en Valladolid y en la gran aventura de sus veranos en el pueblo y me doy cuenta de que muchos niños de ciudad ni tan siquiera sospechan que existe tierra bajo el asfalto. «En una ocasión me preguntó una periodista cómo aprendí a amar a la naturaleza. Dije que con mi padre cazando y ella me contestó que debía de ser una broma. Esa manera de conocer el campo, de pasar frío y calor y de llegar a verlo es la misma que usó Darwin hasta entender a los animales. Es algo que suena bastante herético, porque el conservacionismo es proteccionista con la naturaleza. Hoy la naturaleza lo necesita porque somos muchos. Si todo el mundo aprendiera de ella como yo propongo, cazando y pescando, tal vez no quedaría nada después del aprendizaje. Pero no dejo de pensar que fue bueno para mí. Era pensar en ello —los animales, la caza— todo el año. En invierno nevaba mucho y no se podía ir a cazar, veíamos las huellas de los zorros. En primavera íbamos con un reclamo para comprobar si habían llegado las codornices; cuando veíamos grillos, mi padre los sacaba con una pajita de su cueva. Los teníamos una semana y luego los soltábamos de nuevo y así aprendíamos. Tras una tormenta íbamos a ver las polladas de perdices y comentábamos cómo estaban. Cuando llegaba la caza preparábamos el morral y las botas y comprábamos los cartuchos. Estábamos tan emocionados que ese sábado por la noche no podíamos dormir solo de pensar que íbamos al campo. Éramos niños y era otra época. Comíamos pollo el día de un cumpleaños y eso era algo excepcional. Las comidas más ricas en la familia Delibes eran los conejos o perdices que había cazado nuestro padre; era parte de la vida familiar y no se nos pasaba por la cabeza que hubiera elementos morales negativos. La siguiente generación ya no quería ver las perdices en la ventana, se encontraba un perdigón en un conejo y no quería comer más. Mi hermano Germán me dice, haciéndose el enfadado: "Todo lo que en su día nos enseñó a querer la naturaleza, ahora está prohibido: pescar cangrejos a mano en el río, coger jilgueros de un nido y ponerlos en una jaula...". En los años cincuenta y sesenta, todo lo hacíamos en la provincia de Burgos. Éramos pocos y podíamos estar en el río y buscar los nidos, pero si lo hiciesen ahora todos los veraneantes, no quedaría nada.» Miguel Delibes de Castro nació en tiempos de posguerra, cuando el cambio climático, la extinción de las especies, la destrucción de la capa de ozono y la propia supervivencia de la Tierra tal y como la conocemos era ciencia ficción. El sistema de consumo lo ha cambiado todo, pero también ha cambiado la cultura.

—¿Existe una programación biológica?

—La que podríamos llamar programación biológica es más antigua que un programa que tú o yo podríamos ponernos a nosotros mismos. Hay dos tipos de programas: uno biológico con raíces antiguas, casi evolutivas, que hace que las personas estemos más determinadas biológicamente para vivir en pueblos pequeños, conocernos, relacionarnos con la naturaleza y el entorno. Luego tenemos una programación más educada que nos hace adaptarnos para el trabajo, el horario fijo, los semáforos. Biológicamente es más trascendente conocer la naturaleza de la que dependes, pero en el siglo XXI tal vez sea más importante no equivocarte en el semáforo. Ambas son programaciones que funcionan a distinto nivel cerebral.

»Estamos programados socialmente. Aunque vivamos en ciudades rodeados de gente, podemos sentirnos solos, porque son seres anónimos, desconocidos. El sentirse solo, aislado o incomprendido no es algo a lo que estemos acostumbrados. Creo que muchos de esos problemas tienen su origen en una falta de adaptación a los cambios en nuestra historia como especie.

—Dicen que vivimos un cambio de paradigma en todos los sentidos. Las nuevas tecnologías cambian nuestra realidad y podrían cambiar los hábitos. A veces tengo la sensación de que seguimos atados a hábitos antiguos en un mundo que ya no existe.

—El programa biológico no ha cambiado tanto. Genéticamente somos los mismos. Probablemente muchas de nuestras aspiraciones profundas más allá de lo consciente siguen siendo las mismas: tener recursos, reproducirnos, dejar descendientes, la ligazón a la tierra.

»Nuestro sustrato biológico se adapta más lentamente, porque tiene unas inercias más fuertes que nuestra mente. Nuestro intelecto es capaz de adaptarse y de cambiar, pero con grandes secuelas, porque nuestra biología no es tan capaz de hacerlo. Biológicamente no nos resulta fácil cambiar de un continente a otro en siete horas, de ahí el *jet lag*, por ejemplo; pero intelectualmente sí, porque hemos descubierto los aviones. Sin embargo, arrastramos el desconcierto: son cambios vertiginosos a los que cuesta adaptarse.

Las farolas se encienden tras los cristales. Muy cerca fluye el agua del Pisuerga que pronto se unirá a la del Duero. Las aguas siguen el curso que la tierra pone para que sea más fácil llegar al mar, y con su flujo enseñan a vivir.

—¿Cómo te convertiste profesionalmente en quien eres?

—No me planteé cómo hacerlo. Yo no sabía lo que iba a

estudiar. Me convenció un profesor de primero de facultad de que la biología era lo mío.

»No he sido nunca ambicioso en el sentido de proponerme ser el mejor en una cosa, sino que he tratado de disfrutar de lo que hacía. Al acabar la carrera no sabía lo que iba a hacer y no sabía cómo podía ganarse la vida un biólogo. Lo primero que pensé fue preparar oposiciones y dar clases en un colegio. En aquella época no pensábamos mucho en cómo proceder porque éramos menos que ahora. La sociedad española cargaba aún con la herencia de la guerra y había más posibilidades de trabajar. Coincidió que me llamó Rodríguez de la Fuente y me propuso hacer fascículos de fauna durante tres años. No teníamos contrato ni Seguridad Social, pero aprendíamos mucho. Cuando acabamos la enciclopedia, volví a no tener nada, pero sabía un poco lo que era la investigación, había conocido a gente que investigaba y eso era lo que más me apetecía. Pronto fui becario en Doñana, aunque sin saber lo que me esperaba allí. Hice la tesis doctoral, se convocó una plaza de científico, la saqué y eso cambió mi vida. Tenía el sueldo garantizado y la sensación de que, si no cambiaba mucho, mi trayectoria iba a acabar así.

Sentados en el pálido sofá, de cara al Vela Zanetti, a medida que habla tengo la sensación de que las marismas de Doñana entran por las puertas y las ventanas. Miles de aves se posan sobre el agua y los rayos del sol flamean en las dunas. El lince se abre paso en la vida con mucha dificultad pese a tener toda la ayuda. Me pregunto qué ocurre con las especies que nadie observa.

—En esa época sufrí un pequeño bajón. Mi madre había muerto, yo ya era funcionario y pensé: «Ya he llegado». Tenía un niño, había escrito libros y también había plantado árboles. Pensé: «Tengo 30 años y ya lo he hecho todo». Y entonces me decía: «Vaya, y ahora siempre igual: cobrar a fin de mes, trabajar en esto, criar a mi hijo». Mi desarrollo personal ha sido un proceso muy natural, en el sentido de que no ha sido forzado sino al revés.

—¿Cómo superaste el bajón?

—Probablemente uno empieza a hacer cosas propias de una persona más mayor. Fue algo que además ocurrió bastante deprisa. Antes de cumplir los 40 era director de la estación biológica de Doñana. Todo tira de ti: el sistema, el aparato, la política científica, la gestión de la ciencia; todo tira de ti y te hace involucrarte. Eran años apasionantes, los primeros ochenta, donde se sentaron las bases de la ciencia española moderna, se crearon los planes nacionales de investigación, una agencia de evaluación de los planes y proyectos, y esto le tocó a mi generación: ayudar a poner en marcha un sistema científico que ha durado hasta hoy.

Miguel se incorpora en el sofá. Mira el reloj, el tiempo apremia.

—¿Qué peso han tenido los sueños en tu vida?

—Nunca he sido muy ambicioso. Me sorprendo mucho por lo que he conseguido porque nunca me he puesto metas. En el colegio los frailes me decían que tenía que ser más ambicioso porque sacaba muy buenas notas.

Silencio. Respira. El héroe de 4 años se asoma a las escaleras de caracol con las que este piso se une al de arriba. ¡Quiere enterarse de todo! El niño también se llama Miguel.

—¿Dónde están tus sueños?

—Los sueños ahora están con mis hijos. Deseo que estén contentos, que les vaya muy bien, que el mundo vaya lo suficientemente bien para que cuando ellos tengan mi edad se encuentren a gusto. Me preocupo bastante porque el mundo se pueda arreglar; me inquieta realmente el mundo que heredarán nuestros hijos. Mi mundo feliz es un mundo ecológicamente más atractivo donde mis descendientes puedan estar a gusto y tener hijos que también estén a gusto. Hay que potenciar la capacidad de decisión de las mujeres en la población, consumir menos combustibles fósiles, frenar el calentamiento global. ¿Cómo llegar hasta allí sin una revolución sangrienta? ¿Cómo podríamos trastocar todo el orden capitalista sin cometer injusticias? No lo sé.

A medida que Miguel habla de la herida del planeta y sus ojos flamean comienzo a recordar el desastre de Doñana de principios de los noventa y mi viaje hasta allá para escribir un reportaje. Corría el año 1998 y aquella catástrofe parecía escrita por un guionista con el peor sentido del humor: la presa de una mina, que contenía residuos tóxicos, se rompió. Su magma venenoso contaminó las aguas y las tierras del paraíso. Recuerdo aquellos días con verdadero dolor personal. ¡En algunos lugares el magma contaminante se había acumulado y costaba respirar! Las ruedas del coche se estancaban y mi compañero y yo teníamos miedo de meter los pies en aquel lodo que asoló una parte de la vida. Muchos seres murieron, y seguirían muriendo después por el efecto de todo aquello. No he olvidado algunas imágenes del momento: peces muertos, una cría de pájaro cubierta de lodo negro, caminos cortados, veneno en el agua y en las tierras y ese pesado olor en el aire. Aquella fuerte sensación de estar ante un símbolo de la inconsciente —o a veces no tanto— y depredadora presión de los seres humanos sobre el planeta: rápida, egoísta, sin sentido y, si nos descuidamos, incluso mortal para la propia humanidad. Pero el desastre de Doñana también me hizo un gran regalo porque mucha gente se reunió para evitar la muerte del paraíso; cientos de personas aunaron fuerzas para exigir responsabilidades, retirar el lodo, paliar los efectos del residuo, ayudar a las especies que vivían allí y detener la nada. En aquel viaje al desastre de Doñana, yo también descubrí la esperanza: las manos unidas de hombres y mujeres que abrieron un camino de vida ante la catástrofe. Pasó el tiempo y el paraíso —distinto al que fue y al que podría haber sido— siguió adelante y aún sigue adelante con su constante cambio como una alegoría del planeta.

—¿Y los jóvenes investigadores, la gente que busca su lugar?

—Ahora cuesta tanto llegar que a los 50 años, cuando por fin te dicen que vales y que el sistema te acepta, ya estás agotado. Pero los jóvenes a quienes les guste mucho la investigación deben seguir por ahí. Las grandes dificultades solo se pueden superar si el reto te apasiona.

Al anochecer nos despedimos de Elisa y del pequeño superhéroe que se esconde tras las piernas de su abuela porque el niño, cómo no, quiere enterarse de todo. Caminamos por las frías calles de Valladolid repletas de gente inmersa en el compra y compra del ritual navideño, y Miguel —aquí don Miguel

Delibes de Castro— desvía sus pasos para guiarme. De vez en cuando señala el camino, me hace ver que vienen coches, apunta al semáforo, me coge del brazo para que camine por la acera. «¡Ten cuidado!», me dice atento como un lince vigilando que no me ocurra nada. Luego me deja junto a la calle peatonal para que siga sola y se aleja por las calles hasta perderse entre la gente y desaparecer. El lince se adapta y sobrevive. O no. ¿Cómo enseña a vivir la tierra herida? La vida cambia de forma, se disfraza, danza o muere y renace; pierde sus colores pero adquiere otros. Muta. El maravilloso planeta azul que habitamos, Gaia, sigue adelante con o sin el lince, con o sin nosotros.

NÚRIA ESPERT

Alimentar tu luz para llamar a la suerte

Aquello que dentro de nosotros quiere saber y progresar no es la mente, sino algo que está detrás de ella y que de ella se sirve.

SRI AUROBINDO

La palabra crisis en otras lenguas indica posibilidad. Solo aquí se ve como algo negativo, cuando no tiene por qué serlo. Me parece que esta crisis tan dura puede cambiar todo lo que en este país no va bien desde hace tiempo.

NÚRIA ESPERT

Todo tiene dos caras, todos tenemos virtudes y defectos. Una cara está luminosa y la otra está negra.

NÚRIA ESPERT

Amor es ganas de vivir. El amor por el trabajo también es amor, y lo que yo tengo es amor verdadero. El amor va pasando a lo que haces y se transmite.

NÚRIA ESPERT

Como cada día, Núria Espert se ha despertado a las nueve y media y ha desayunado una tetera llena de humeante té, dos tostadas y mermelada sin azúcar; a media mañana se tomará un yogur. El almuerzo será en casa, aunque no va a cocinar ella porque nunca lo hace. «No sé cocinar ni coser ni conducir ni nadar. No sé planchar. ¡No sé hacer nada! Ni lo he intentado ni quiero.» Cada día es diferente para ella porque depende del trabajo, de si ha estudiado un texto, y lo ensaya, y lo interpreta; el resto de su vida se adecua a esas horas de trabajo. Ese resto puede ser la nada, los sudokus, los crucigramas, las series, las películas, ir a pasear; pero hoy es el teatro.

A las nueve de la noche abarrota la sala del Lliure en plena Ciudad Condal, y dos centenares de personas —sentadas a un lado y otro de un minimalista escenario de madera— esperan que comience *El rey Lear* que ella protagoniza en catalán. Suena el segundo timbre, se apagan las luces y se hace el silencio. El viejo rey en el cuerpo de Núria Espert coloca al público —nos coloca— en un estado casi onírico del que, aunque se quiera, no es posible escapar, y junto a él aparece también algún destacado personaje de edad que muestra parte de su cuerpo tallado por los años en escena. Cada gesto te agarra por dentro hasta llevarte a lugares clausurados de tu propio universo interno, blancos y negros, rojos y violetas. «Este rey ni es un hombre ni es una mujer. Nuria Espert lo ha creado más allá del género», me aclara mi compañero de butaca. «¡Es un fenómeno de la interpretación!», añade. Y lo es. Por eso, ahora que está a punto de cumplir los 80 años, llegan hasta ella continuas propuestas con nuevos retos en forma de papeles que solo acepta si son un desafío o una locura, aunque no siempre, y junto a ella tiene a muchos actores jóvenes con ánimo de aprender.

—¿Qué piensas cuando cierras los ojos? —le ha preguntado uno de sus jóvenes compañeros de reparto.

—Nada —responde Núria.

—¿Seguro que no repasas el papel? —insiste el actor.

—¡Que no! ¡No pienso en nada!

—¿Por qué has cambiado ese texto?

—No sé, me pareció mejor.

—¿Lo traías pensado de casa?

—¡Noooo!

Aunque la gente no se acerca demasiado porque ella necesita tener cierto vacío a su alrededor cuando interpreta un papel, hoy en su entorno hay actores y actrices viejos y jóvenes, representantes de compañías, críticos, admiradores, estudiantes y también estoy yo, que desde hace casi un año hablo con Belén, su representante, para poder reunirnos. «Eres la primera de la lista», me ha repetido mes tras mes. Pero el tiempo apremia y comienzo a no creer lo que me dice. Sin embargo, he venido de Madrid a Barcelona en viaje exprés solo para poder verla interpretar en su lengua materna, pese a que no entiendo el catalán y tengo prohibido colarme entre bambalinas para tomar notas. Por eso —por tanta dilación del encuentro—, cuando baja el inexistente telón en la sala, se encienden las luces y el público se pone de pie en un enloquecido aplauso, yo cometo el error de ver la escena bajo el tamiz de mis prejuicios y transformo a Núria en una diva. Estamos a principios de enero y aún tardo dos meses más en recordar por qué no hay que prestar oídos a los prejuicios y por qué las cosas que merecen la pena a veces se hacen esperar, y lo hago precisamente poco después de que su representante me telefonee.

—¡Ya lo tienes! —me dice Belén—. Te he hecho un hueco con calzador. Todo el mundo quiere reunirse con ella, así es que pon a punto la grabadora y cuida de que no falle nada.

—¡No me lo puedo creer!

—Créetelo, pero por favor prueba las pilas antes de ir. Y aprovecha, porque si pasa algo con tu entrevista no sé cuándo podré volver a darte cita.

—¡Es que no me lo creo!

—¡Suerte! Te espera el lunes —me despide Belén.

Así que a las doce y media de la mañana en punto de un lunes de marzo estoy sola, pero sentada ya en el cómodo salón de Núria Espert, mientras fuera despuntan con fuerza los primeros rayos del sol de una primavera que se ha hecho esperar. Me gusta el sitio y pienso que, si la casa es reflejo de sus dueños, entonces ella es cálida, ordenada, hecha de muchos recuerdos, muy joven y muy intensa. La habitación es amplia y de paredes blancas, en una de las cuales están los libros meticulosamente ordenados. Algunos son clásicos antiguos y están encuadernados en piel; otros son contemporáneos, obras de autores de todo el mundo. Me llama la atención la gran cantidad de novelas japonesas que atesora, y en particular las de Mishima, porque me recuerda su gran trabajo en Japón. Tiene una estantería dedicada a la música y a la ópera, herencia de su fase de directora de ópera, pienso. Hay un cuadro con una mujer sola que observa el horizonte del mar y un retrato de otra mujer sola que nos mira. Hay también un pequeño escritorio que parece de porcelana con un libro en catalán de Juan Benet. Un recorte de *The Independent* tras un marco metálico y también una fotografía en blanco y negro de ella y Armando, su marido. Dos mesas y dos alfombras de motivos angulosos con un fondo de color azul marino. La estatuilla de los tres monos: uno no ve, otro no habla y el otro no quiere escuchar. La sala está llena de detalles que parecen tener una gran historia detrás, como ella misma.

Núria Espert nació en 1935 en un barrio industrial de Hospitalet de Llobregat, rodeada de cemento y contaminación. Sus padres eran muy humildes y se conocieron haciendo teatro. Amaban tanto la escena que pusieron a su única hija el nombre de un personaje y en cuanto creció le enseñaron los versos de la «Sonatina» de Rubén Darío y la llevaron a recitarlo por los cafés: «La princesa está triste... / ¿Qué tendrá la princesa? / Los suspiros se escapan de su boca de fresa». Un día, un hombre de escena escuchó a Núria y la contrataron en el Romea. Entonces tenía 13 años, era muy tímida e iba al teatro con la misma sensación que iría a una fábrica: ¡debía ganarse el pan! Ahora tiene 79 años, está en lo más alto de la escena y ha hecho todo lo que un actor puede soñar. «¡Tengo tanta suerte!», dice y repite hasta la saciedad. Y sin duda ha tenido suerte, pero también ha trabajado sus recursos interpretativos y personales con la misma paciencia, tesón y conciencia con que un viejo hortelano alimenta palmo a palmo su huerta. Reto a reto, director a director y papel a papel, la mujer ha dedicado su vida a conocer los matices más sutiles de su propia tierra interna, los ángulos oscuros y luminosos de su cambiante identidad para usarlos a su favor y ponerlo todo en la escena. «Para hacer lo que yo he hecho hay que empezar muy joven porque cuesta mucho conocerte», dice. Abuela de una nieta y madre de dos hijas, Núria Espert empezó muy pronto, muy a la fuerza y desde muy abajo, pero desde el principio supo que su profesión era solo una excusa para aprender con la vida. Ahora ella camina lentamente hacia mí por el pasillo de su casa madrileña vestida con una sencilla camiseta, un jersey azul y unos pantalones de tela gris. Después extiende la mano para saludarme y me invita a tomar asiento. Y ni por asomo me recuerda ahora al ser que vi en el escenario, ni a la diva que creí ver después. ¡Nada que ver! Mientras buscamos el ángulo exacto para hacer la entrevista hablamos de una conocida común que desempeñó un importante papel en la vida de ambas y a la que hace tiempo que ni ella ni yo vemos, pero que ahora crea un puente entre nosotras.

—Sí —me dice—. He trabajado mucho con ella, con sus virtudes y defectos. ¿Cómo está?

—Hace tiempo que no la veo, pero fue importante para mí.

—Yo la quiero mucho, pero...

Núria es menuda y esbelta, tiene el pelo plateado y cortado en media melena, su piel es pálida como de un rosa nacarado. No me parece guapa, pero sí bella, como si estuviera llena de una fuerza interna indescriptible. Me han dicho que es un poco maga, un poco hada o un poco clarividente, pero no me lo creo. Sus ojos, sin embargo, aún conservan el brillo de quien todavía no ha empezado a vivir o de quien ya lo ha vivido todo. Sus largos dedos repasan sin querer las cárcavas que el tiempo ha dejado en su rostro con idéntico mimo a como acariciaría un delicado pétalo, una tela de seda o un mapa, porque ella sabe que su piel refleja el peso de todas las vidas que arrastra, ese profundo amor que ha alimentado cada uno de sus días, las pasiones propias y ajenas destiladas por cada poro. Al igual que la paleta del mejor pintor está llena de colores, su piel guarda como un tesoro los mil y un matices que ha podido pulir a base de vivir tanto y tan intensamente como lo ha hecho, a costa de ponerse objetivos cada vez más altos e ir a por ellos, gracias a que ha sabido amar y perder, pero siempre siguiendo adelante porque hay que seguir, y reconstruyéndose a la fuerza porque no hay otra opción. «¡Tengo tanta suerte!», me repite. Quizá por esta confianza se ha sentido fuerte para afrontar cada reto aunque pareciera mortal, incluso ahora cuando las canas pintan de nieve su media melena y las cárcavas del tiempo esculpen su mirada. Sus dedos son muy largos y están llenos de venas, sus labios no destacan pero sus ojos verde esmeralda explican por qué esta mujer se queda para siempre en la memoria de quien se cruza con ella: tienen una profundidad tal que verdaderamente uno se pierde en ellos. Núria transmite calidez, humildad, serenidad; la sensación de estar frente a un ser muy frágil, muy viejo y muy lleno de sabiduría. Y lo contagia. ¡Doy fe! En dos segundos frente a ella empatizo con su emoción y me lleno de gratitud. Así es que lo primero que hago es darle las gracias por su interpretación en *El rey Lear* y agradecerle que en la escena hubiera tantos actores de edad para que los chavales pudieran ver el mundo en una dimensión real. Y le pregunto qué han supuesto los mayores en su carrera.

—¿Los mayores para mí? Empecé trabajando en el teatro con cero conocimientos y cero cultura, pero comencé una andadura que se ha ido nutriendo de lo que he vivido. Tengo un temperamento muy receptivo y he sabido aprovechar hasta la última migaja que he encontrado por el suelo. En el teatro lo aprendí todo de los mayores con los que me fui encontrando, también lo que no debía hacer. «Eso no, así no; no quiero eso para mí», me decía a mí misma. A los 18, mi sueño era hacer el gran repertorio internacional que es representar a los mayores. Se me reprocha con razón que he hecho muy pocos autores contemporáneos, pero si quisiera echarme flores, en vez de decir que lo siento, diría que andaba buscando a los mayores para aprender de ellos. Lo que he hecho ha sido vivir, crecer y enriquecerme de los mayores. Los grandes trascienden de modo mágico la comprensión.

Al hablar Núria se apoya en las manos, en la mirada, y va moviendo todo el cuerpo. Pero medita cada frase antes de decirla y habla tan lentamente que hay gente que se crispa con ella cuando la escucha.

Tras los ventanales se abre la plaza de Oriente, donde el Teatro y el Palacio Real se miran frente a frente desde hace siglos. Hay fuentes, secuoyas, setos, humildes jardines. Un músico de jazz que toca su trompeta hasta las dos en punto y un cantante de flamenco que guitarrea y canta solitarias letras: *auuuaaa, uuuuu, iiiiii*. Desde aquí la puesta de sol debe de dejar sin palabras. Todo es tan perfecto en esta zona que la palabra crisis puede alcanzar otra dimensión.

—¿Crisis? La palabra crisis en otras lenguas indica posibilidad. Solo aquí se ve como algo negativo, cuando no tiene por qué serlo. Me parece que esta crisis tan dura puede cambiar todo lo que en este país no va bien desde hace tiempo. Fuimos un pueblo afortunado después de la Transición. ¡Se hizo sin sangre! Fueron años brillantes. El país pegó un salto tremendo. Ahora lo bueno es que haya mucha discusión, tensión y opinión para poner en común las cosas que se tienen que hacer y que todo el mundo tenga que ceder. Pero aprovechando la terrible ola económica, la ideología más retrógrada ha empezado a sacar la cabeza.

—¿Temes que pueda volver el pasado?

Silencio. Afirma con la cabeza.

De niña, Núria Espert no era la mejor estudiante ni la peor. Pero ahora tiene todos los premios habidos y por haber: Max, Unión de Actores, Ondas, Medalla de Oro al Mérito en las Bellas Artes, Creu de Sant Jordi de la Generalitat de Cataluña, Premio Nacional de Teatro, del Círculo de Críticos, del Teatro de Londres a la mejor dirección, es doctora honoris causa por la Universidad Complutense, etcétera, etcétera. Algunos críticos dicen que ha construido su identidad a base de entregarse a los personajes y de ponerse en manos de los mejores directores. Ella opina que «el amor se extiende a todo lo que uno hace». Núria Espert no se formó en ninguna escuela, pero está considerada una de las mejores actrices del teatro español e internacional. «Para hacer lo que yo he hecho hay que empezar muy pronto», suele decir.

—¿Cómo te has creado?

—A la gente no le gusta hablar de la suerte. —Me mira, examina mi reacción y sonríe—. ¡No les gusta! Lees biografías de artistas, de pintores y de músicos, y la palabra *suerte* no aparece en sus bocas, cuando en realidad para llegar donde estaban tuvieron que pasar muchas cosas. No podrían haber llegado a la realización de algo si no hubieran ocurrido muchas cosas. Pero como no creo en el destino, tengo que llamarlo suerte. —Silencio, busca en su memoria—. Encontré gente que confió en mí y se tomó la molestia de ayudarme a crecer. Me casé con un hombre maravilloso que estaba muy por encima de mí y que me ayudó a ponerme a su nivel. He trabajado con directores maravillosos que me han exigido mucho, y esa exigencia me ha ido formando. ¿Cómo vas a llamar a que con 79 años, 80 en junio, tenga salud, memoria y propuestas para seguir haciendo cosas imposibles? ¡Eso te lo regalan! Has llevado una vida tranquila y correcta. Te has levantado y no has tenido grandes caídas. Pero la salud y la memoria te vienen dadas de fábrica.

Núria se llena de emoción, abre sus ojos y mira a un lado y a otro, como si los responsables de su suerte estuvieran con nosotras, muy cerca.

—¡He tenido tanta suerte! ¡Tanta! Tendría que hacer una lista larguísima de las cosas que me pasaron y me favorecieron. Una sustitución en el teatro me dio mi primer éxito; una persona que tenía contactos en el teatro me oyó recitar unos versos en un bar. Si ese señor no hubiera estado allí ese día y yo no hubiera entrado a trabajar tan temprano... —Silencio—. Y para hacer lo que he hecho hay que empezar muy pronto porque cuesta mucho conocerte por dentro y mandar unos signos que sean comprendidos. Si mi personaje tiene un dolor atroz, no es así ni así. —Se pone las manos sobre la frente, los ojos, el pecho—. Hay que buscar signos que se comprendan, y eso lleva mucho tiempo.

—Conozco a un hortelano que dice que ha dedicado su vida a leer el libro que no tiene letras, que es conocerse a sí mismo. Se llama Agustín Beroiz y me recuerdas a él.

—¿De verdad lo dice así?

—Sí. Él habla del libro que no tiene letras, que es él mismo.

Silencio. El rostro de Núria se llena de entusiasmo, como una niña que acabara de recibir un regalo. ¡Y lo ha hecho! Busca palabras en su mente.

—Aunque suene muy petulante, eso debería haberlo dicho yo. ¡Aprender de la vida! ¡Para eso hay que estar muy atento y tener suerte! Ese hombre es un hombre de suerte porque ha conseguido que algo tan secreto como su trabajo haya hecho que la gente vaya a aprender de él. Eso es porque ha brillado, y para brillar hay que tener suerte.

»¡En esta sociedad que hemos creado hay tantas profesiones que permiten a la persona desarrollarse! Pero encuentras a gente situadísima sin el menor atisbo de vida interior.

»Hay tantos misterios alrededor de tantas profesiones... —Sus manos dibujan una bola que luego desaparece. Sus dedos se tocan los labios—. Los poetas. ¡Eso que ellos sienten y plasman en seis o siete palabras! Todo lo que tiene que ver con la cultura tiene un lado mágico.

—¿Has buscado ese lugar mágico en ti?

—Cuando era jovencita quería ser buena persona y mejor actriz y cobrar un poco más en el teatro. Pero he rehuido el mundo místico por miedo a que me catequizaran o me engañaran.

—He oído que te compraste una casa y que le gritaste a Armando por haberte dejado hacerlo.

Silencio. Risas. Armando ha sido el gran compañero, amante, socio y marido de Núria. Cuando murió, ella pensó que no podría seguir sola, pero siguió. Núria Espert parece escuchar el silencio.

—Grité: «¿Armando? ¿Por qué me has dejado comprar esta casa? ¿Por qué no me he roto una pierna?». Y salió una señora y me preguntó: «¿Le pasa a usted algo?». Y yo respondí: «¡No! Soy actriz y estaba repasando mi papel». Y yo gritaba: «¿Por qué me has dejado comprar esta casa? ¿Por qué no me he roto una pierna?». Cuando estaba haciendo *La violación de Lucrecia*, que duró mucho tiempo, pasé un periodo en que, a veces, en escena había algún momento en que me desconcentraba. Algo se me cruzaba en la mente: la boca seguía hablando y el cuerpo actuando, pero durante un segundo yo no estaba. Nadie lo notaba salvo yo, pero me preocupé porque es muy peligroso salirte un momento de tu trabajo. Antes de empezar la obra, decía: «Armando, que no me desconcentre; ¡no dejes que me desconcentre!». Luego ese periodo pasó y volví a la serenidad.

»Cuando la muerte se te acerca tanto y te hace tanto daño, el consuelo es pensar que queda algo, y que ese algo va a estar protegiéndote o guardándote. —Se abraza, se recoge, cierra los ojos y aspira como si sintiera el cálido abrazo de Armando—. No quiero pararme a pensar si tiene algún sentido o no. Esto va con el cariño.

La historia de Núria y Armando parece un cuento. Armando tenía 16 años más que ella. Era ayudante de dirección, pero estaba en crisis. Ella quería interpretar a los más grandes. Se conocieron, se enamoraron y se casaron cinco meses después. Él tenía 36 años y ella 20. Un día él le dijo: «Nadie va a venir a buscarte para que puedas realizar todos esos sueños. Tenemos que ir a buscarlos nosotros». Crearon una compañía de teatro llamada Núria Espert que pronto se situó en la vanguardia mundial. «Yo ya te he enseñado todo lo que sé —dijo un día Armando—. Ahora tienes que aprender de los mejores.» Y salieron a buscar a los mejores. Armando gestionaba y ella llevaba el lado artístico.

—Él me empujó y me colocó en un sitio en el que daba mucho vértigo estar. Yo tenía 24 años, teníamos nuestra propia compañía y me moría de terror porque surgimos de la nada más absoluta. ¡Eso daba vértigo! Nos fuimos afianzando con muchísimos problemas. Cometimos equivocaciones graves en este país tan complicado y tan triste, pero los dos hemos llegado hasta aquí.

—¿Cómo se sostuvo la relación con Armando?

—Con mucha naturalidad. Fue importantísimo que los dos hiciéramos lo mismo y amáramos lo mismo. Yo no habría podido ser la que soy con otro hombre. Con Armando era perfecto porque los dos luchábamos por lo mismo y fueron luchas que duraron muchos años. Éramos muy cariñosos y nos tocábamos mucho. A nuestro alrededor decían: «¡Qué tiernos son!», pero lo que estaba en juego eran la nómina y el crédito. Fue muy duro para él encargarse de la gestión, pero eso también era amor.

Al morir Armando, Núria cerró la compañía y pensó en dejarlo todo, pero al final siguió adelante. En una entrevista en televisión contaba: «Pensé que todo había terminado, que sin poder discutir con él y recibir su réplica yo era incapaz de seguir con la compañía y tal vez con la profesión. Me quedé quieta. Me refugié en lo bueno que tenía, mis dos hijas, mi nieta, mi madre, y además tenía el teatro y una carrera buenísima detrás». Ahora Armando no está, pero a veces Núria cuenta que siente que él sigue guiando su carrera.

—Estamos en una sociedad de consumo y cambiamos las relaciones por sistema...

—Es una suerte que haya esta libertad. Es estupendo, porque es muy difícil acertar a la primera. Yo acerté porque tuve suerte, pero quizá sin el trabajo Armando y yo no hubiéramos durado tanto porque nuestros caracteres eran muy distintos. Lo conseguimos así. —Junta las manos y entrelaza los dedos hasta la segunda falange, deja un visible espacio vacío, el que aún quedaba entre los dos—. No del todo, pero sí lo conseguimos así. —Después deja vagar la mirada por la estantería, como si parte de él estuviera entre los libros—. Él tenía 16 años más que yo, y eso fue estupendo para acelerarme. Durante unos años corrí muchísimo, y con él al lado yo me sentía capaz.

—¿Cómo reconoces en la vida lo que es importante y cómo lo alimentas?

Silencio. Mira a ambos lados como si sus seres más queridos estuvieran cerca. El mar se mueve en sus ojos.

—Me debo de haber equivocado muchas veces, pero las cosas importantes de la vida las he hecho bien. He vivido toda la vida con mi madre. Tuve una infancia muy feliz porque con ella me sentía muy bien. Salí de mi casa de Hospitalet para casarme y me la llevé conmigo. Mi madre y yo nos hemos querido muchísimo, y esa es una de las cosas importantes de la vida. Cuando he podido ayudar a un amigo —dice mirándome—, lo he hecho. Y a mis hijas y a mi nieta, no digamos. Esas son las cosas importantes de la vida. Y no creerse más de lo que uno es y tomarse el éxito con tranquilidad.

Silencio. Busca en su memoria. Observa la estantería como si buscara algo y apoya las manos en la cabeza.

—No me acuerdo del título, pero hay una película que me gusta mucho de Hugh Grant en la que ella es una actriz famosa y él tiene una librería de libros de viajes. Él está enamorado, pero la deja porque no se siente a gusto en la vida de ella. Entonces a ella le dan el Óscar y quiere recuperar su relación. Pero él no quiere porque se le parte el corazón cada vez que ella tiene que irse por su trabajo. Entonces ella le dice: «No soy más que una chica que está delante de un chico y le pide que la quiera».

Núria se emociona.

—Eso que yo tengo, que no es más que una buena carrera, no sería nada si no tuviera con quien compartirlo. La gente que no tiene éxito piensa que poder escoger papeles debe hacerte feliz. Pero si te falta lo otro... Si tuviera un problema con una de mis hijas, no podría soportarlo. ¡Ni *Rey Lear* ni nada! ¡No podría soportarlo!

—A lo largo de la vida mucha gente pierde la sensibilidad y su mirada se vuelve opaca, pero tus ojos son transparentes y sigues teniendo toda tu sensibilidad. ¡Parecen océanos! ¿Cómo cuidas tu sensibilidad?

—También eso te lo regalan, pero has de ayudarte. Según el tipo de trabajo que hagas te desarrollas más en un lado o en otro. El trabajo que yo hago exige desarrollo. Las modas imperceptibles son como las olas en el mar, que cambian continuamente. Desde mis 14 años las olas no han parado de moverse. Entonces puedes hacer dos cosas: o te plantas frente a ellas y tratas de que no te tiren, o te dejas mecer y ayudarte por ellas. Las modas no son banales, sino necesidades del pensamiento: necesidades en la escritura, en la poesía, en la música. ¡Las modas son necesidades! —Silencio. Busca las palabras. Mueve la mano para subrayar lo que está a punto de decir y que no se me escape—. Ahí está la clave, en llegar a comprender hacia dónde va esa ola, la fuerza que va a tener o si va a llegar a su presunta meta; porque todo eso puede destruirte o ayudarte.

Abajo, en la plaza de Oriente, el músico de jazz ha dejado de tocar, pero aún llega el guitarreo. Los caminantes hacen fotos al palacio, al teatro, a los edificios de toque señorial que dan vida al lugar. Hoy no hay cambio de Guardia Real a la puerta del palacio, pero los amantes jóvenes se hacen arrumacos sobre el césped y los bancos de piedra. Hay padres que juegan con sus hijos, ancianos que pasean a sus perros. Bellos cafés donde los artistas e intelectuales escriben mientras escuchan música clásica. Un parque con columpios y toboganes. Estatuas, paseos, pequeños jardines con pensamientos blancos, azules y violetas. Y los jardines de Oriente, que cuando llega el verano se llenan de teatro, de música, de danza. El templo de Debod, rincón egipcio de la ciudad, está a pocos minutos, y la plaza de España con sus grandes árboles y fuentes, más cerca aún. Los cines, los teatros y el atardecer están al lado. Desde aquí no parece existir la contaminación ni el caos ni la lucha cuerpo a cuerpo en la que a veces se transforma la ciudad. De poder existir un paraíso urbano estaría justo aquí, justo en torno a esta casa a la que ella regresa tras cada viaje. «He viajado más que Marco Polo, pero cuando viajo voy a trabajar y la ansiedad del trabajo no me permite disfrutar mucho. ¡No me permito hacer turismo porque no me hace bien! ¡Necesito recogimiento! Yo me encierro voluntariamente porque pienso que si no me voy a distraer.»

—¿Cómo te ayudas cada día?

—Desde fuera llevando una vida muy aburrida. El trabajo es tan importante que los lapsos sin trabajo están ocupados por los libros, los paseos, las charlas con mis hijas. Y siempre leo el libro que necesito para el momento vital en el que estoy. A veces he llegado a pensar si era verdad o una ilusión. Compro muchos libros por lo que dice la faja de la portada, pero cuando los leo resulta que ese libro era justamente lo que necesitaba.

Clava los ojos en la pared abarrotada de libros en perfecto orden, como si cada uno fuera un viejo amigo que la hubiera acompañado y guiado. Los libros han moldeado su mente y buena parte de sus emociones a lo largo de su vida; tienen personalidad propia. La acompañan. Núria se lleva las manos a la cabeza, a los ojos.

—¿Cómo ayuda el amor a lo que haces?

—Amor es ganas de vivir. El amor por el trabajo también es amor, y lo que yo tengo es amor verdadero. El trabajo ha ocupado un sitio muy importante en mi vida. El amor al trabajo va pasando a lo que haces y se transmite. En mi familia somos todas *workaholic*. No es tanto que hayas hecho una cosa concreta, sino que el amor al trabajo dignifica, que sin trabajo eres poca cosa o no eres casi nada.

Silencio. Busca en la memoria. Se lleva sus largos dedos a uno de los ojos y se acaricia la nariz. Yo veo a una maga.

—Con 80 años mi madre me contaba con orgullo que era la más rápida de los telares y la más rápida lavando ropa para la gente, y eso lo hemos ido heredando mis hijas y mi nieta.

—¿Cómo afrontas el miedo?

—Depende del tipo de miedo. El miedo en una obra, con alegría; el miedo escénico es normal porque tiene que haber algo de riesgo para movilizarme completamente. En otros temas tengo los temores que tiene todo el mundo por la economía, por su casa, por los seres más próximos, por si tienen suerte o no.

Núria comienza a moverse y cambia la expresión de su rostro. Se agita. Los miedos parecen entrar en ella, y se lo digo: «Desde que hemos empezado a hablar de los miedos no paras de moverte. Parece que te haya entrado miedo de verdad. ¿Dejamos la pregunta?». Y me dice: «¿De verdad que me he empezado a mover? Miedos en la vida tengo muchos. Miedo por el futuro de mis hijas y de mi nieta en Londres, que está muy sola. Temores». Hace años Núria vivió en Londres y debió de conocer el efecto del miedo. Se quebró. Entonces dirigía ópera. Su trabajo tenía tanto prestigio que en esa temporada había programadas tres óperas dirigidas por ella. Todo iba bien, pero se sentía sola y lejos de los suyos, y en la ópera había mucho ruido. «Enfermé de soledad.» Un día, no pudo levantarse. Después fue al teatro y se sentó en una butaca, pero se dio cuenta de que en realidad no estaba allí. Mientras regresaba a Madrid deseó que el avión cayera y todo terminara. Estuvo en cama tres meses. Descansó, tomó unas pastillas que le recom endó un psiquiatra y después regresó a su vida y dirigió *La Traviata*. Núria se quebró y sintió que se moría, pero dicen que toda muerte es el principio de un renacimiento.

—Los miedos los afronto con calma. Despacito. Yo que en el escenario siempre soy medio loquita, en la vida soy muy calmada y a veces la gente se pone nerviosa.

Sus ojos regresan a los libros cuidadosamente colocados sobre la estantería.

—¿Cómo poner límites?

—No soy muy de plantarme en un sitio. —Serpentea con la mano para imitar un río que se abre paso entre las montañas—. Soy más bien de dar una vuelta larga para entrar por otro lado donde la pared no sea tan sólida.

Las obras que emprendió la compañía de Núria Espert supusieron un órdago a lo grande en el dictatorial statu quo de los primeros momentos, y también mucha mano izquierda por su parte. *Yerma* consagró a Núria Espert como una gran actriz. Gracias a la obra de Lorca, dirigida por Víctor García, en apenas cuatro años tuvo más de dos mil representaciones y llenó teatros en todo el mundo. Pero *Yerma* podría no haberse estrenado jamás si Núria y Armando no hubieran sabido usar su mano izquierda para encontrar un censor que les permitiera abrir las puertas después de un año de constantes prohibiciones de estreno. Quince años más tarde Núria Espert aún representaba la obra.

—¿Es importante tener esperanza?

—La esperanza va cambiando conforme va cambiando la vida. A medida que cambia quieres también cosas diferentes. ¡Es difícil!

Núria se vuelve a quedar en silencio, vuelve a cerrar los ojos y de nuevo repasa su memoria. «Cuando nos casamos, mis esperanzas eran que aquello funcionara, aunque parecía que así sería. Me quedé embarazada enseguida y entonces la esperanza era que me saliera un trabajo. Estábamos los dos en el paro. Un día me llamó Tamayo para hacer una sustitución y yo tenía la esperanza de que llegara el día en que me dieran el papel en vez de reemplazar a la actriz principal. Esperanzas de que algún día llegara a Madrid y estuviera en el teatro Español haciendo el repertorio internacional.» Repasa con sus dedos las esperanzas, los sueños no realizados. «*La señorita Julia* no la he hecho, *La danza de la muerte*, tampoco, hay otras muchas que no he hecho. De Sartre, de... —Deja la palabra en el aire—. ¡Ni aunque vivas cien años te da tiempo a hacerlas todas!» De pronto se queda callada, como si recordara una obra en la que no desearía estar. Me mira, cambia el gesto de su rostro y lo suelta: «En este momento en España hay muchos millones de personas que no tienen esperanza. Hombres de 50 años sin esperanza. —Se lleva los dedos a los labios y se tapa la boca. Parpadea como si le pesaran los párpados—. Sufro por ello, vivo muy intensamente este momento. Los políticos, venga a dar cifras de exportaciones, pero yo sé que es terrible, sé que los comedores sociales están a reventar de hombres con camisa impecable. ¡No quiero ni pensarlo!».

—¿Eres pesimista?

—Soy más bien optimista. Armando era pesimista y exacerbó mi optimismo porque para contrarrestar yo me fui volviendo más positiva. Para él, un problema verdadero era algo terrible, mientras que yo, enfrentada al mismo problema, lo veía pero no me parecía tan terrible. Entonces decía: «Es que no es terrible en absoluto», aunque no era verdad. Sí que era terrible, pero no tanto. Ahora esa perspectiva forma parte de mi carácter.

En la cocina, que se abre a la espalda del salón, comienzan a sonar cubiertos, platos, vasos. Como no hay olor a comida ni vapores, me da la impresión de que la empleada de hogar de Núria hace señales para que su jefa recuerde que ya es tarde. Pero Núria no la oye y sigue adelante.

—¿Cómo lograr que el orgullo no te destruya en el escenario?

—Para disfrazarte y salir a escena tiene que haber cierto exhibicionismo y una seguridad en ti misma que otras profesiones no tienen. No sé si deberíamos llamarlo ego. La mayoría de los actores somos tímidos. Los que hemos hecho buenas carreras solemos ser tímidos. Pero ese tímido es el que habla más fuerte en la cena, por timidez. Después el ego lo maneja como puede. El inteligente hace ver que no tiene y el tonto lo exhibe.

»Pero cuando aciertas en una aventura, cuando has elegido bien un autor, un director, la gente lo recibe bien, y los críticos lo reciben con amor y también la profesión, algo que es muy importante, y eso te llena de satisfacción. ¡Tienes un calorcito aquí dentro! —Se lleva las manos al pecho, se recoge, aspira el aire y sonríe—. Quizá eso también sea ego, pero cuando no te reciben bien, ocurre lo contrario y dentro de ti sientes un frío glacial.

Los cubiertos, los platos y las cazuelas aún suenan en la cocina. Núria sigue sin oír. Silencio. Mira a un lado y a otro mientras parece buscar a alguien que no está. Y de hecho lo está haciendo.

—El actor que ahora tiene 45 o 50 años no tiene nada que ver con la gente de esa edad de mis 20. El actor que viaja y lee, que daría la vida por estar en un lugar donde se representa, eso es algo que no tiene nada que ver con los grandes de aquella época. Yo lo miro desde mi perspectiva actual. Entonces eran más superficiales, eran grandes actores pero tenían un ego notorio.

—¿Hay algún mito de mujer en el que te sientas representada?

—El mito que más he interpretado ha sido el de Medea. Yo he sido feminista, sin saberlo, desde que nací. Mi madre, que apenas sabía leer y escribir, era muy feminista. Siempre he respetado a toda mujer que ha conseguido pequeñas cosas. Me gusta oír hablar de una mujer que se ha hecho los ocho mil o que está paralítica y anduvo a solas. ¡Las mujeres me parecen muy superiores a los hombres! Después hay mujeres muy estúpidas como también hay hombres muy estúpidos, y hombres maravillosos y mujeres maravillosas. Pero estas tienen el plus de que eso que las hace maravillosas antes no estaba bien visto, no era algo que pudieran hacer las mujeres porque a sus maridos no les gustaba. Luego están las grandes del feminismo, las de los paraguas que las avergonzaban, esas a las que decían que eran tan feas que no podían casarse. ¡Todas esas son mis heroínas! Es decir, ¡las amo!

Se gira hacia la estantería como si todas las activistas estuvieran entre los libros y dijera lo que dice para ellas. A través de su trabajo Espert se adentró en el mundo de algunos de los más grandes mitos femeninos. A los 19 años —por casualidad, porque la primera actriz enfermó— dio vida a Medea en el Grec de Barcelona y todos se volcaron con ella. Núria ensayaba a Medea a gritos en el patio de un hospital barcelonés. El éxito fue tan apabullante que Núria Espert se compró un teléfono para poder atender todas las propuestas de trabajo que, sin duda, le iban a surgir. En un año el teléfono no sonó ni una vez, pero Núria volvió a dar vida a Medea muchas veces más, hasta que llegó a sentir que maduraba con ella. Medea es una alegoría de la herida femenina, de la mujer traicionada. «Medea ha ido envejeciendo conmigo, volviéndose más sabia y más práctica. Creo en la fuerza de la mujer.» Pero luego vinieron otras grandes historias de mujeres: *Yerma*, *La casa de Bernarda Alba*, que dirigió ella misma en Londres. En *La violación de Lucrecia*, que aún sigue interpretando, da vida a todos los personajes y a través de ellos se ve desfilar toda su carrera, con todas sus heroínas trágicas.

—¿Qué papel han tenido las mujeres en tu vida?

—Las amigas, una confianza total y absoluta. Estaban para todo y yo también para ellas. Tengo amigas de la infancia con las que aún tengo contacto. Nos llamamos de tarde en tarde, pero nos queremos. Íbamos al colegio juntas, después nos casamos y se interrumpió la relación. Una me llamó para decirme que estaba perdiendo la vista en un ojo, y su llamada me trajo todo el amor de la amistad. Hacía muchísimo que no pensaba en ella porque es una relación a distancia. Pero al recibir esa mala noticia... —Silencio. Los ojos acuosos. Piensa—. No sé qué me ocurrió.

—¿Te recordó el paso del tiempo?

En la cocina han dejado de sonar las cazuelas y los cubiertos, sigue sin llegar ningún aroma pero Núria mira el reloj.

—¡Son las tres!

El tiempo apremia. Mientras recojo la cámara, ella retoma nuestro tema común, aquella vieja conocida que fue importante en la vida de ambas.

—¿Cómo está?

—Hace muchísimo que no la veo.

—Ella ha sido su propio enemigo, como nos pasa a casi todos. Todo tiene dos caras, todos tenemos virtudes y defectos. Una cara está luminosa y la otra está negra. Ella no ha sido inteligente en la vida. ¡No ha sabido! Le han fallado cosas en su parte humana. Cuando estaba en su sitio, no supo hacerse imprescindible.

Mientras Núria recoge las llaves recuerdo la última vez que vi a nuestra conocida común. Había tenido grandes éxitos, pero sus ojos estaban opacos. No había brillo en ellos. Tenía un don extraordinario que hacía temblar al público cuando estaba sobre el escenario, pero también un enorme vacío cuando caía el telón. Sola por los golpes de la vida, en ese tiempo fuera del teatro no tenía dónde ni con quién brillar.

Tomamos el ascensor y hablamos de su próximo trabajo: «En mayo estrenamos *Lucrecia* en Argentina», de sus amigos: «Muchos tienen que dejar de actuar porque han perdido la memoria y ya no pueden recordar los papeles. Uno puede trabajar la memoria, pero a veces se le va. Eso es algo que te dan, que te viene dado. Yo tengo mucha suerte».

Se abre el ascensor y caminamos hacia la puerta.

—La memoria te la dan cuando naces. ¡Yo tengo mucha suerte!

Repite la palabra *suerte* varias veces más, como si hablara de algún personaje al que hubiera conocido bien y pudiera atraer como haría una maga. Mientras escucho su voz imagino que la suerte en su boca suena como el nombre de una dama que responde a su llamada, al igual que respondieron las personas que necesitó, las casualidades que le permitieron brillar, el amor que la cuidó y la hizo fuerte, los papeles que soñó, que interpretó y la llevaron a la cumbre, la salud y la memoria que hoy le permiten seguir adelante. Aquella oportunidad para dejar atrás el barrio obrero donde nació, el éxito, la maternidad, y hasta aquella vieja depresión que la postró en la cama para enseñarle sus propios límites. Las cosas importantes de la vida sin las que nada merecería la pena. El calor de Armando que, según dice, aún siente y que sigue acompañándola y cuidándola.

Núria gira la llave y entreabre la puerta. De pronto toma mis manos entre las suyas, me mira con sus intensos ojos y me dice:

—¡Suerte! ¡Que tengas muchísima suerte!

En la plaza de Oriente, bajo ese primer sol de primavera me siento —me sé— plenamente bendecida.

VICENTE DEL BOSQUE

Aceptar el triunfo y el fracaso y seguir adelante

La vida es la maestra de la vida. No hay pedagogía que valga. Solo se aprende a vivir viviendo y cada hombre ha de recomenzar el aprendizaje.

MIGUEL DE UNAMUNO, *Niebla*

Esto es la vida. Hay momentos en los que estás muy bien y momentos que no. ¡Es la vida! Hay que ser optimistas y aprender de lo que nos ha pasado. Todo lo que ha sucedido te ha venido bien para algo. Muchas veces nos alarmamos por cosas que nos suceden y al final resulta que es algo bueno. Es esa filosofía parda que dice que todo lo que sucede está bien, que no hay nada malo.

VICENTE DEL BOSQUE

Hoy es la segunda vez que hablamos. Aunque no nos conocemos en persona, hace cuatro días me llamó en respuesta a varias peticiones de entrevista por mi parte.

—Mira, soy Vicente y estoy encantado de que nos encontremos y hagamos la entrevista, pero prefiero que no profundicemos mucho porque eso de sabios a mí como que no....

—No te preocupes, que soy de pueblo y estoy acostumbrada a hablar con gente sencilla.

Del Bosque se quedó en silencio unos segundos, como si necesitara sopesar si me creía o no. Después sonó una risa fuerte al otro lado del teléfono y contestó con ese vozarrón que le caracteriza.

—Aquí todos somos de pueblo. Pueblo grande pero de pueblo. Vente a la Ciudad Deportiva el lunes y entra por la zona residencial. Si te parece bien, te espero a las once en mi despacho.

Es lunes y el frío arrecia. Para llegar hasta la Ciudad Deportiva tienes que venir a propósito y quizá no llegas. Dentro hay campos de entrenamiento, edificios de ladrillo, metal y cristal, coches y furgonetas aparcadas. Un lujoso hotel atendido por hombres muy guapos con impecables trajes grises y pelo repeinado con gomina. De vez en cuando luce un sol impresionante y sus rayos chocan con la hierba hasta hacerla brillar, pero después el cielo se cierra. Estamos en la Ciudad Deportiva, sede de La Roja, el lugar que inspira a Vicente del Bosque por los cuatro costados. Aquí y allá se alzan carteles gigantescos con su imagen, y en todos ellos pueden leerse frases que él suele repetir «Si caminas solo llegarás antes; si caminas acompañado llegarás más lejos». Su ideario es la base identitaria de un lugar cuya historia reciente retrata su propio periplo profesional. Aquí se concentran los 23 jóvenes futbolistas que él selecciona, aquí se prepararon para la Copa del Mundo que ganaron y también para la que no ganaron, aquí se volvieron a ver las caras tras curar las heridas sufridas, y es aquí, en este erial, donde el próximo año volverán a concentrarse para afrontar junto a Del Bosque lo que parece su último gran reto. La sede de La Roja, y el equipo en sí, simboliza los valores que él defiende desde que comenzó cuando apenas era un niño; los mismos con los que le educó su padre, Fermín, «que era cuadriculado», que todos los años los llevaba a ver el nicho de Miguel de Unamuno en el cementerio, que estuvo preso por sus ideas, que siempre jugaba al mismo número de lotería de Barcelona, que tenía sus contradicciones y, aunque no era de iglesia, un día al año los llevaba al cementerio a escuchar el sermón del párroco porque hablaba muy bien. Además de tener la obligación de ganar partidos, La Roja tiene como objetivo unir a hombres que suelen jugar enfrentados, crear vínculos en la piel de toro y proponer deportividad frente a competencia feroz. «La bondad gana partidos», suelta Del Bosque de vez en cuando. Pero nos encontramos en un momento en que el Míster está en tela de juicio. La mitad de los que antes celebraban sus triunfos, ahora ponen en duda su trabajo. La goleada que sufrió La Roja en el último Mundial le ha colocado en una cuerda floja de la que quizá no salga. Muchos han pedido su cabeza, pero él ha reaccionado en el más puro estilo de John Wayne y se ha limitado a seguir, inmune al desaliento. «¿Sabes? He notado el apoyo de mucha gente. La gente valora la deportividad.» Y es cierto. Hace unos días hablé sobre él con un periodista deportivo y me transmitió algunas de sus impresiones: «Es ese tipo de personas que no pueden tener enemigos. Nunca habla mal de nadie aunque hablen mal de él. Es uno de esos que siempre quieres tener como amigo, aunque no te guste cómo hace su trabajo e incluso lo critiques». Vicente del Bosque es para muchos uno de los grandes referentes de la historia más reciente del fútbol porque ha ganado casi tantos títulos como se ha propuesto a base de sacar lo mejor de las personas con las que trabaja, de crear equipo y de hacer posible lo imposible. Unos dicen que es alguien con suerte que sabe organizar a los suyos; otros, que se ha limitado a recoger el trabajo que han hecho sus predecesores. Pero yo veo a un hombre enamorado de lo que hace, que ha descubierto un secreto y lo ha aplicado punto por punto. Quizá por ello —por su secreto, que yo desconozco— es inmune al desaliento y sigue adelante con la calma necesaria para meter o parar un gol.

Ahora, cuando probablemente recorre el último tramo de su carrera, para muchos se ha convertido en un icono de ese arte del buen vivir que está más allá del triunfo y de los campos de juego, pero que también está ahí porque el juego es una metáfora de la vida. «Yo no soy ejemplo de nada», me dice, como para que quede claro dónde está en realidad. Y añade: «Para ocupar el cargo que tengo has de tener una conducta ejemplar».

Hoy, como cada día antes de llegar a la Ciudad Deportiva, Vicente se ha levantado a las siete, ha desayunado leche con galletas y una tostada y ha llegado hasta aquí después de dejar a su hijo Álvaro —Alvarete— en su propio trabajo. Del Bosque estará aquí hasta las tres y después regresará a casa para ver partidos, leer algún libro sobre motivación o entrar en algún chat con el que poner los pies sobre la tierra y escuchar en directo lo que opina la gente sobre lo que pasa. No irá a jugar la partidita con los amigos; ya no. Tampoco a jugar al pádel porque lleva una prótesis en la cadera. Pero, de momento, Vicente del Bosque, el Míster, está en su despacho en el segundo piso de un edificio anodino de ladrillos rojos. Junto a Toni, segundo entrenador, y Javi, preparador físico, sus dos colaboradores inmediatos. El despacho es espartano. Las sillas y mesas son funcionales y nada parece dar un mínimo toque diferencial a la estancia salvo un detalle especial: la fotografía de Íker Casillas, pupilo de Del Bosque desde la infancia y a quien suele poner como ejemplo de deportividad. La estela de Casillas inspira al grupo directivo de La Roja. «Le conocí cuando tenía 9 años, como a Guti. Sus padres hacían un gran esfuerzo para traerlos hasta aquí. No era fácil para ellos. Casillas es un hombre modélico.»

El Míster lleva un traje azul oscuro impecable, zapatos negros que brillan como recién comprados, corbata y camisa a rayas; también una bufanda en el cuello. En principio podría parecer un hombre de uniforme sin más, pero no lo es. Hay algo diferente en él. Tiene 64 años, tres hijos, pasión por la enseñanza, y es tan alto que llama la atención. Cuando se sienta, su abdomen sobresale sobre la impoluta camisa. «Me gusta comer», apunta. Le digo que eso se nota, y entonces inquiere: «¿Estoy gordo?». Vicente lleva un bigote ajeno a las modas que divide en dos su rostro, y tiene unos grandes ojos de buena persona serpenteados por esas ínfimas venas que aparecen en quienes parecen no haber dormido bien. Tiene poco pelo, que se peina de lado. Pero también tiene algo que te hace sentirte bien, porque notas que el hombre que tienes frente a ti no te juzga pero sabe verte, como ve a los chavales del equipo. «A veces sé qué es lo que le pasa a un chaval del equipo simplemente por una mirada o un gesto, porque muchos no se atreven a hablar.» Aunque es parco en palabras, resulta fácil conversar con él porque tiene un amplio lenguaje no verbal y sus emociones saltan a la vista. Cada vez que le importa algo sus grandes ojos delatan lo que siente.

—Vicente, ¿puedo contarte algo?

—Dime.

—Perdona, pero no tengo ni idea de fútbol, aunque sí un poco de personas, y de ti me han dicho toda clase de piropos.

La mirada de Vicente se llena de escepticismo y rechaza el halago.

—Bueno, ya sabes que de visita todos somos buenos.

Del Bosque sonríe sin reproches y, sentados en otro despacho vacío, descruza los brazos y habla. Todo lo observa a través de su fino tamiz futbolístico. Habla sobre política internacional: «Hay más países en la FIFA que en la ONU. Por eso ganar el Mundial tiene mucho de suerte». Sobre medios de comunicación: «No creo que se use el fútbol para desviar la atención de otros temas. Las televisiones se ocupan de debates todo el día. Antes el fútbol era algo testimonial y ahora tiene media hora; será también por la audiencia». Hablamos sobre política nacional: «¿Qué van a hacer con el fútbol en el tema de Cataluña? Si se aíslan será algo muy malo para el Madrid pero también para el Barcelona. Su confrontación da energía al fútbol. El pique entre los dos equipos hace que el fútbol esté mejor». Y por fin pasamos al que llaman deporte rey: «Es un juego primitivo y atrae a la gente. Es una cultura, un fenómeno que, aun cuando caiga mal, ahí está. ¿Por qué no vamos a valorarlo? ¡Está ahí! No es un tema menor». Hablamos de la crisis presente en todo, que él interpreta con su natural optimismo, pero, sobre todo, con la conciencia de quien ha vivido la posguerra y aún recuerda el hambre que pasaron algunos y la miseria que trajo consigo.

—¿Crisis? La crisis nos va a ayudar a valorar más lo que tenemos cuando salgamos de ella. Hay familias que lo están pasando mal, pero nuestro país ha progresado mucho. Se habla constantemente de la corrupción, pero muchos de los corruptos ya están penando. Me gusta hablar de política, pero no lo hago desde mi trabajo como entrenador, y yo no puedo desligarme de mi trabajo, así es que prefiero...

Hablamos de su propia historia personal, de la suerte y el viaje en el mundo del fútbol que emprendió cuando apenas era un niño: «A los 14 años vi el mar por primera vez, cuando fui a ver un partido de fútbol a Avilés. Era un chaval limpio. Hice el bachillerato y entré en magisterio por cuarto de reválida. A los 16 años me vinieron a ver como futbolista y a los 17 empecé la aventura. No pensaba que el fútbol fuera a ser mi medio de vida. Para mí, el fútbol era un juego, así es como empecé. No pensé en dedicarme a ser entrenador de Primera, a mí lo que me gustaba era la cantera». El chaval que daba patadas al balón en las calles de Salamanca, que se olvidaba de ir a comer mientras jugaba, tuvo suerte para llegar donde llegó. Y Vicente del Bosque lo sabe y lo reconoce. Vicente del Bosque, el Míster que cree en la suerte, se lleva las manos a la cabeza como si quisiera dar a la palabra *suerte* el énfasis que merece.

—La suerte es importante. Yo tuve mucha suerte porque había entrenadores que eran buenísimos y estaban mejor formados que yo, que solo sé de fútbol y a veces ni eso.

—¿Qué es la suerte?

—La suerte es conseguir un determinado objetivo. A veces esos objetivos son sueños inalcanzables. Pero la suerte es importante.

—Tienes fama de mantener siempre la calma. ¿Cómo afrontas el miedo?

—Estoy lleno de miedos. Tengo miedo a fallar, a equivocarme, a tomar malas decisiones. Doy muchas vueltas a las cosas. Pero cuando me equivoco no soy de los que miran a otro lado. Ahora tengo miedo al próximo partido, a equivocarme en la lista, a elegir mal. Pero también tengo certezas y criterios firmes. El ser que se cree seguro es el más inseguro de todos. A veces el miedo es una cuestión de responsabilidad y nos hace mejores. La responsabilidad es importante. Es mejor estar *cagao* que no hacer como si no te importase.

—¿Cómo se debe afrontar un problema?

—Yo siempre tengo muchas dudas, tanto en cuestiones futbolísticas como en las personales, hasta que encuentro la solución. El ser impetuoso y querer resolver todo pronto te lleva por terrenos que no son los mejores. Hay que tener un poco de pausa e intentar ser lo más justo posible. Yo tengo miles de dudas, como cualquier persona que tiene a su cargo un grupo de trabajo.

—Para encontrar soluciones, ¿es mejor hacerlo solo o acompañado?

—Javi y Toni son las dos personas que más cerca tengo, y si todos los días estuviéramos de acuerdo, entonces tendríamos un problema. ¡Mal asunto sería ese! Porque en ese caso no valdríamos ninguno de los tres. Para hacer bien nuestro trabajo no debemos estar en sintonía en todas las cuestiones. Ante cada problema que se nos presente encontraremos la solución gracias a lo que cada uno es. Aquel que cree que lo sabe todo y que lo domina todo —Del Bosque niega con la cabeza—, mal va. Eso no se encuentra en ningún libro, pero te lo enseña la propia vida.

Vicente del Bosque, el Míster, sabe algo de la vida y de sus secretos. Aunque parece castellano recio y parco en palabras, hoy, como cada día, ha dicho «Te quiero». Y pasados unos segundos lo ha repetido: «Te quiero, te quiero, te quiero. ¡Pero qué guapo eres!». El objeto de tanto afecto es Álvaro, Alvarete, el segundo de sus hijos, afectado por el síndrome de Down y responsable de haber enseñado a su padre a poner palabras a esa profunda emoción que siente cuando abraza. «No me canso de decírselo porque él es mi amor», dice. Aunque Vicente, el Míster, es uno de los hombres de la esfera deportiva con mayor fama de comedido, sabe como nadie que ese inmenso amor que siente —y todos los amores que lleva en su interior— son el alimento más seguro para construir sueños y hasta para ganar partidos. Y lo sabe por experiencia. El amor —pasión unida a la cabeza— ha sido la combinación a la que se aferró cuando apenas era un niño y un desconocido llamó a su puerta para proponerle que entrara en ese mundo del fútbol que parecía estar hecho del material de los sueños. «Cuando jugaba me olvidaba de todo.» Aunque jamás había imaginado pertenecer al olimpo de sus héroes futbolísticos, él dijo que sí al reto por amor al fútbol. «Todo ha sido fácil. ¡He tenido mucha suerte!» El amor al deporte parece haber sido el caballo de batalla sobre el que el Míster ha cabalgado la vida, y con el que ha crecido. Vicente del Bosque es padre de tres hijos biológicos y de otros cientos de la gran familia del fútbol. Desde que comenzó su viaje se ha alimentado a base de amor al instante, a lo que hace, a los que le acompañan, a su equipo, a quienes le siguen, a su deporte, a su familia; a lo que defiende, a su tierra natal y a la de acogida, a sus propios sueños, a lo que representa, a sus propios principios.

Estamos sentados frente a frente en un despacho umbrío con las persianas bajadas y la luz encendida. No es un lugar cálido ni cómodo, sino más bien todo lo contrario. Nada destaca sobre nada salvo una gran fotografía de Fernando Hierro en plena actividad que se alza sobre nosotros y en la que clavamos nuestra mirada. «Este despacho era de Fernando, él es mi amigo y por eso no la he quitado.» Los ojos de Vicente se encienden y llenan la habitación como dos farolillos. Ambos formaron parte del Real Madrid, el equipo al que Vicente del Bosque dedicó gran parte de su vida. Primero como aprendiz y después como centrocampista profesional durante once años. Toda una vida. Como suele decir: «La vida del futbolista es corta, por eso hay que aprovecharla».

—¿Cómo puede uno sacar lo mejor de sí mismo?

—Creo en la cultura del buen empleado. El hombre responsable es importante. Yo, por ejemplo, me considero muy útil en esta institución, y creo que si yo no estuviera aquí, esto no iba a funcionar. Pero lo creo hasta un punto. —Se ríe y mueve las manos para hacerse entender—. Porque sé que después va a venir otro que lo hará mejor que yo. Todo lo que tengo que hacer lo hago como el mejor, pero soy consciente de que después vendrán otros que lo harán muchísimo mejor. No soy tan tonto como para creérmelo demasiado, pero un poco sí que tengo que creer que soy el que mejor puede hacer lo que estoy haciendo. Por eso me siento imprescindible. Es igual que tú. Tú también tienes que creer que eres la que mejor va a escribir este libro, aunque no sea verdad.

—¿Por qué hablas de bondad para ganar?

—Yo creo que es bueno tener buenas personas alrededor. Lo principal es tener buen corazón. A veces viene alguien y me dice: «Mira, este tiene mucha formación». Y yo contesto: «Deja ya lo de la formación, que lo importante es que sea un tío majo, un tío correcto». Es mejor pecar de falta de conocimiento y tener buen corazón. Para hacer bien las cosas no hace falta ser un iluminado sino un tío normal. Lo mejor es rodearte de buenas personas. Al menos eso es lo que yo creo. A lo mejor esto es de alguien cándido, pero me parece que es bueno tener buenas personas alrededor. Si uno está rodeado de egoístas que solo piensan en sí mismos, mal asunto.

El rostro del Míster se llena de una pasión contagiosa. El pasado entra a borbotones en la conversación y fluimos con él. Al jubilarse como futbolista, su vida dio un giro radical. Él quería quedarse en el Real Madrid, y de hecho se quedó como técnico de cantera. De pronto, él, que se había matriculado en magisterio, era una especie de profesor con los jugadores de menor edad. «Ha sido el trabajo peor remunerado de mi vida, pero el que más satisfacciones me ha dado. Encontré gente generosa, limpia. Gente interesada en hacerlo bien. A veces los padres tenían problemas económicos y circunstancias personales duras», dice. Pero cuando nació Álvaro, su segundo hijo, que tiene síndrome de Down, todo cambió.

—Las palabras de amor y todo eso no eran para mí, porque yo no soy muy sensiblero. Soy seco. Pero a mi hijo... ¡Mira que se lo digo veces! «Te quiero.» Me gusta decírselo. Y antes eso para mí era impensable. Álvaro ha sido uno de esos grandes aprendizajes de vida, un regalo. Al principio, el hecho de que sufriera síndrome de Down lo sentimos como algo tremendo y sin salida. Pensamos en apartarnos o en irnos a Salamanca. Después hemos dado toda la visibilidad posible a la enfermedad. Lo hemos hecho de una manera espontánea, pero lo hemos hecho bien.

»Creo que ha sido de los hechos más positivos de mi vida. Hemos recibido cartas de muchos países en las que la gente se alegra de la visibilidad que damos a Álvaro. Al principio pensábamos que por qué nos había tocado a nosotros, luego que por qué no iba a ser a nosotros que teníamos medios, y ahora pensamos qué sería de nosotros sin él.

»Todas las cosas que te van sucediendo van haciéndote. ¡Si no, malo sería!

—La familia y la pareja también son un equipo. ¿Cómo podemos cuidarlas?

—La convivencia viene desde la tolerancia y si no, mal asunto. La convivencia viene de conocernos y del conocimiento que tenemos para resolver cualquier asunto. Desde el conocimiento sabemos que cada uno tiene sus defectos. Yo creo que en un matrimonio lo más importante es la educación y el cuidado de los hijos. Ellos son lo más importante: que tengan salud y que poco a poco se vayan educando, que no es fácil porque los chavales reciben casi más influencia de fuera, de la calle que de nosotros. —Suspira, se lleva las manos a la cabeza y una bruma parece envolverle—. No es fácil educar a los hijos, pero ahí andamos, en la lucha.

—¿Cómo puede uno hacerse entender y lograr que le hagan caso en un equipo?

—La simplicidad o la sencillez nunca pasan de época. La sencillez es algo de toda la vida. Yo sé que mis hijos ven la vida de forma diferente a como la veo yo, y yo la veo diferente a como la veían mis padres, pero el respeto y la educación no pasan. La sencillez en los planteamientos es algo atemporal. La naturalidad, la normalidad, esa es la palabra.

Sus palabras cambian el aire y atraen otros recuerdos y presencias. Tras él, una gigantesca imagen de Fernando Hierro pateando el balón. Ambos formaron parte del Real Madrid, pero

Del Bosque se quedó. Diecisiete años más tarde volvía a jugar en Primera, pero esta vez de otro modo. La suerte le abrió sus puertas y Del Bosque se convirtió en el entrenador de uno de los equipos con mayor visibilidad en el mundo. «Yo no pensaba en ser entrenador de Primera, pero las circunstancias se dieron así.» La aventura como entrenador del Real Madrid duró casi cuatro años. Millones de personas siguieron sus pasos en los cinco continentes y aplaudieron su trabajo. El equipo a sus órdenes ganaba casi siempre. Pero no fue suficiente. Al día siguiente de ganar la Copa de Europa, Vicente del Bosque fue expulsado. ¿Pretexto? Que no encajaba en el perfil del equipo, ni por su apariencia física ni por su sistema de juego, al que tildaban de anticuado. Después de 36 años de trabajador ejemplar, el Míster se quedaba en la calle. Al hablar de su expulsión del Real Madrid me mira pero no parece verme, como si observara detrás de mí a sus viejos jefes o a sí mismo en aquel momento.

—¿Qué sentiste cuando te despidieron del Madrid?

—Sentí dolor porque eran 36 años de vivir en un club. Cuando sales de una empresa en la que has estado tantos años es difícil olvidarte. Lo llevas mal porque ha sido tu casa. Y además estaba ese sentimiento de buen empleado que yo tenía. Pero luego me he ido dando cuenta de que, con el puesto que yo ocupaba, el siguiente paso era salir de aquí, y eso es lo que entonces hice.

—¿Cómo afrontaste el dolor?

—Buscamos una solución drástica.

La bruma se disipa. Vicente del Bosque sonríe.

—Nos fuimos a Turquía, y acertamos en todos los sentidos. Hicimos lo que teníamos que hacer y fue fantástico, una experiencia extraordinaria. Solo duramos ocho meses y medio, pero fue enriquecedor. ¡No me dio miedo! Fíjate que había estado toda la vida entre las mismas paredes, pero ni nos lo pensamos siquiera. Firmamos enseguida. Vinieron a buscarnos y a las seis de la mañana nos marchamos. Vivíamos al lado del Bósforo, en Europa, y todos los días cruzábamos a Asia. Nos ayudaron en el Cervantes, donde había un profesor que era un sabio, que había vivido en Egipto y Turquía y era de Carabanchel. ¡Un gran tío! Creo que los lugares donde había vivido ilustraban más que todos los libros.

Se queda en silencio, como si todos los recuerdos de Estambul pasaran ahora por delante de él: el sonido del muecín, la puesta de sol sobre el mar, el mercado de especias. El equipo que entrenaba con chavales de todo el mundo. Se detiene un instante y vuelve al presente.

—¿Es importante aprender de los malos momentos?

—Esto es la vida. Hay momentos en los que estás muy bien y momentos que no. ¡Es la vida! Hay que ser optimistas y ser positivos, y aprender de lo que nos ha pasado. Tengo una amiga que dice que todo lo que sucede es para bien. Y es verdad. Todo lo que ha sucedido te ha venido bien para algo. Muchas veces nos alarmamos por cosas que nos suceden y al final resulta que es algo bueno. Es esa filosofía parda que dice que todo lo que sucede está bien, que no hay nada malo.

Las persianas están cerradas y no entra luz desde fuera. Pero tras la pared de quita y pon llegan las voces de sus compañeros Javi y Toni, que nos traen de regreso al presente. Cuando Vicente se hizo cargo de La Roja respetó el trabajo de su antecesor. «Recibimos una herencia estupenda. No quisimos borrar ninguna huella del pasado porque era todo muy bueno, había que aprovechar esa inercia.» Dos años más tarde ganaban la Copa del Mundo. Solo quien vivió ese momento puede entenderlo. La piel de toro al completo se fundió en un grito de júbilo. Las calles se llenaron de fiesta, el cielo de cohetes. Me consta que los desconocidos se fundían en besos de auténtico amor. Y así, un vínculo invisible unió a todos, incluso a quienes, como yo, no sabemos nada de fútbol. Vicente, el entrenador al frente de La Roja, reaccionó con su legendaria calma, pero algo cambió para siempre en la memoria de todos. Vicente se había convertido en un héroe al que todos querían tener cerca y al que todos premiaban.

—¿Qué se puede hacer cuando lo has conseguido todo?

—Seguir.

—¿Cómo afrontar el triunfo?

—No se trata de ganar por ganar. No vale todo porque hay que cumplir unas normas. Ganar no implica hacer de menos al que pierde. Eso no es deportividad. Tampoco creerte el ombligo del mundo cuando ganas. Y la gente valora este comportamiento. Me he dado cuenta de que hay una mayoría silenciosa que lo valora y una minoría ruidosa que no entiende lo que es deportividad.

—¿Es importante tener sueños?

—Todos en la vida necesitamos tener sueños. Esa es la condición humana. Los sueños son objetivos que parecen inalcanzables, pero en la vida hay que tener objetivos, es algo básico. El mejor ejemplo lo tenemos en nosotros mismos. ¡Hemos logrado ser campeones del mundo! Y eso que parecía imposible. Hemos tenido muchísima suerte, porque es preciso reconocer que esto también tiene su punto de suerte. Ganamos por esfuerzo, por capacidad, por inteligencia colectiva, y ganamos por suerte.

—¿Cómo puede uno ser fiel a sí mismo en su trabajo?

—No hay ningún método infalible. Cada cual tiene una formación diferente, un carácter distinto; recuerdos y experiencias distintas. Si quieres parecerte a fulano o mengano, difícilmente lo vas a conseguir. ¡Es imposible! El asunto de las relaciones humanas es muy personal.

—¿Cómo te refuerzas como entrenador?

—Ante cada problema que se presenta, el entrenador se refuerza en las pequeñas cosas. Se refuerza con la gestión de los problemillas que surgen en la vida diaria, como en cualquier familia: horarios, comidas, vestuario. Cuando un entrenador entra en un vestuario, tiene a 23 chavales. Son chicos que han de tener una disciplina y, según se establezcan las relaciones entre ellos, estaremos más o menos cerca de crear un equipo. Pero en cada partido habrá que afrontar algún problemilla, porque se gana o se pierde, porque hay que decidir dónde va a jugar uno y dónde el otro, y eso no se recibe siempre igual. Todos somos en el fondo un poco egoístas.

La sala se llena de pasión. Las palabras del Míster adquieren fuerza y a mí me hacen volar, en cierto modo moldean mis pensamientos. Vicente tiene ese don, y él trabaja con los dones y pasiones de los jugadores para crear un frente común y ganar. A lomos de las palabras y las acciones esculpe el juego de cada uno de ellos. Es su trabajo. Aunque a veces nadie entiende sus razones, él usa estrategias que la mayor parte de las veces han funcionado. Un ejemplo: como entrenador condenó al banquillo al guardameta Iker Casillas en un partido histórico de la final de la Liga de Campeones del 2001-2002, donde el Real Madrid jugaba frente al Bayer Leverkusen en Glasgow. Después lo sacó al campo y triunfó. Gracias a él Iniesta, uno de los jugadores más carismáticos del equipo, estuvo en manos de un *couch* porque durante el Mundial de 2010 parecía estar sumido en una depresión. Días después marcaba el gol definitivo de la final. Todo equipo, pueblo, grupo o familia tiene un alma común, que está tejida con los finos hilos de las motivaciones, las emociones y los hábitos. Y en parte el trabajo de Vicente es precisamente tejer los sueños con hilos de emoción. El corazón, con cada una de sus herramientas, es el gran motor. A veces se trata de solucionar conflictos: «Para resolver conflictos hay que ponerse en el lugar del que provocó el conflicto. Tener comprensión y saber esperar el punto de serenidad. Buscar el momento apropiado. Saber ceder y ser flexible no es un síntoma de debilidad. Si un chaval falla, no hay que reprochárselo; hay que decirle cómo se hace», dice en una conferencia. Otras veces se trata de arengar a los jugadores antes de un partido, como hizo en la final del Mundial. «Les hablo de que somos gente romántica que defiende el fútbol. No tenemos que ganar. Somos unos románticos de nuestro deporte. Les digo que nos ven los niños de toda España, que representamos un país moderno, y que, aunque estemos viviendo una situación mala, nosotros somos uno más y eso se refleja en el deporte. Jugar el

Mundial es un sueño inalcanzable para la mayoría, y ellos estaban en disposición de jugar.»

—¿En qué se traduce el hecho de contar con personas motivadas?

—Un hombre emocionado con su trabajo, que lo hace con gusto y que actúa todos los días bien, facilita las cosas. Los chicos deben emocionarse con lo que hacen y ser inspiradores y decir las cosas.

—Yo te veo como una especie de mago de las emociones o como un maestro.

—Un maestro de escuela es el que enseña a leer, sumar, restar, multiplicar, y yo eso no se lo he enseñado a nadie. Aquí vienen chavales con muy buenas cualidades, solo hay que ordenarlos, organizarlos y motivarlos. Todo eso forma parte del trabajo, pero ellos vienen sabiendo leer. Esto es como la universidad. Lo que hacemos es coordinarlos, y en función de cómo sea cada uno de ellos, nos encargamos de darles el alimento necesario.

Tras el triunfo en el Mundial, La Roja fue valorada y premiada por todos. El Míster era su cara visible y el gran foco. Cuando recogió el Príncipe de Asturias al Deporte en nombre de La Roja, Vicente, dejo el protocolo, primero buscó a su predecesor en el cargo y lo abrazó. Después hizo los honores. En sus charlas no deja nunca de poner ejemplos acerca de la catadura humana de algunos jugadores de la selección. Aunque una y otra vez insiste: «Yo no soy ejemplo de nada».

—¿Qué perjudica a un equipo?

—El egoísmo, el escepticismo, la apatía, son males para el equipo. —Vicente se emociona; mueve las manos para aclarar el sentido de sus palabras—. Si tienes gente egoísta, malo. Si los egoístas son muy buenos, hay que convencerlos de que serán más reconocidos si el equipo funciona. Pero si tenemos un equipo emocionado con su trabajo y con su profesión, eso facilita las cosas.

Dicen que triunfo y fracaso forman parte de una misma ilusión. Don Vicente, el Míster, hijo menor de Fermín, lo sabe mejor que nadie. Cuatro años después del triunfo de La Roja regresaba al Mundial y fracasaba rotundamente a la primera oportunidad.

Pero él reaccionó con idéntica calma que al vencer. En la primera rueda de prensa dijo: «Esta selección está consolidada y habrá tiempo más adelante para demostrarlo. No es momento de buscar culpables. No hay que hundirse». Tras la descalificación del equipo muchos pidieron su dimisión, pero él, inmune al desaliento, siguió con su vuelo al frente de la selección.

—¿Cómo mantienes la mente en su sitio ante el fracaso?

—A lo largo de mi carrera, mis equipos han ganado y han perdido. En los últimos seis años hemos tenido la oportunidad de ganar bien y de perder bien; de ganar lo máximo que se puede ganar y de perder casi lo máximo que se puede perder. Porque todo es relativo y hay que relativizarlo todo. Cuando hemos ganado decían que habíamos unido el país. —Mueve la cabeza y abre los ojos con escepticismo—. Y yo entonces no me lo creía, como tampoco creo ahora que hayamos pisoteado la bandera.

—¿Cómo podemos afrontar el éxito o el fracaso sin que nos lleven por delante?

—Lo más adecuado es aceptar la victoria y la derrota.

»La palabra que mejor lo resume es la normalidad, es preciso aceptarlo sin grandes excesos. Yo creo que esto es deporte y que tú mismo has de ser sincero contigo mismo y con los demás. Has de reconocer si te encuentras sin capacidad para seguir adelante, o si sigues emocionado con tu trabajo, porque si ya no lo sientes es mejor dejarlo.

—¿Cómo afrontar las críticas?

—Hay que escuchar a los que hacen críticas, es necesario. Creo que es importante conocer la opinión de los demás.

La puerta se abre y su mano derecha, Javi, que a sus 67 años ha sido uno de los grandes compañeros de batalla del Míster, avisa de que tienen una reunión pendiente. Vicente mira el reloj y me mira a mí. «En media hora estoy con vosotros», dice. Javi se va y el silencio vuelve a la sala.

—¿Qué es lo que para ti merece la pena de la vida?

—Para mí hay dos cosas importantes en la vida, y te las digo en orden: primero la familia y luego el trabajo. Primero criar y facilitar la vida a nuestros hijos y luego el trabajo bien hecho, que unos hacen por dinero y reconocimiento y yo por cumplir con los míos.

Vicente se queda en silencio y me mira con calma sin parecer distinguirme. Insiste: «No creo que yo sea un ejemplo de nada».

Es tarde. El tiempo apremia. Fuera los rayos de sol vuelven

a acariciar los campos de hierba a los que pronto llegarán los 23 chavales de La Roja. Vicente del Bosque se levanta, abre la puerta y solo ahora, cuando entra la luz de fuera y cierto rumor emerge del pasillo, tomo conciencia de con quién estoy. Aún más cuando Estrella, su secretaria, reclama su atención: «Míster, te han venido a visitar». Vicente coge su abrigo y me pide que espere un instante. A pocos pasos un atractivo joven de rasgos orientales se dirige a él con enorme respeto para hacerle saber que va a entrenar un equipo en China; mientras tanto mi imaginación se dispara y le veo vestido con armadura de caballero medieval y buscando las bendiciones del rey. El Míster le da su bendición:

—¡Que tengas suerte, majo!

El joven caballero sonríe y se va.

Vicente del Bosque me guía hasta el aparcamiento mientras sus manos me señalan los campos de juego, el hotel, la garita con el conserje. Ahora tiene algo diferente, una especie de magnetismo que emerge de él. De pronto se para y su voz adquiere un tono dramático, como si quisiera dejar claro algo. «Lo que más me ha gustado de todo lo que he hecho han sido los diecisiete años que trabajé en la cantera del Real Madrid. Allí fui muy feliz. Formaba a los chavales para la vida y para que no fueran unos bandarras. Eso fue importante.» Vuelve a mirarme, pero sin verme: «Yo no soy ejemplo de nada. Para ocupar este cargo tienes que tener una conducta ejemplar», me repite.

Después saca las llaves del coche y se aproxima a su suntuoso Mercedes negro.

—Bueno, maja, que te vaya bien.

Y no sé por qué, pero a medida que su elegante coche llega a la puerta me imagino a Vicente como un cisne al volante que no ha olvidado el día en que fue expulsado de su equipo con la excusa de ser un patito feo. Las fotografías de Vicente con sus frases educativas siguen en las fachadas: «Solo llegarás antes, juntos llegaremos más lejos». Entonces lo veo, lo siento, lo sé: el secreto del Míster es que no hay secreto.

LUIS GOYTISOLO

El valor del propósito

Son nuevos tiempos dentro del permanente cambio.

LUIS GOYTISOLO

Es importante encontrar nuestras propias reglas. Hay que buscar unas reglas propias, porque si te atienes a lo que ya existe, no las encuentras. Ya lo decía Pavese: se empieza a ser gran escritor cuando se encuentra la propia voz.

LUIS GOYTISOLO

Cada palabra es esencia, y a él encontrar cosas perdidas le fascinaba, y aún le fascina. Pero cuando era niño a todo el mundo le fascinaba ver cómo lo hacía. Los habitantes del hogar donde creció iban a él cada vez que desaparecía la aguja, el dedal, el libro, el dinero, el calcetín o lo que fuera porque en menos de lo que canta un gallo se las apañaba para encontrarlo. A veces se metía en las villas vecinas desde el cuarto de baño del piso contiguo, que estaba deshabitado, y buscaba cosas que no se llevaba. Quizá porque lo que había perdido no había forma de encontrarlo. El día que cumplió 3 años una bomba segó la vida de su madre en pleno corazón de Barcelona. Aunque jamás pudo recordar el rostro de la mujer, aquella muerte marcó sus sueños y pesadillas para siempre. Julia Gay, su madre, tenía una gran biblioteca y por sus venas corría un gen literario heredado de su abuela. A falta de voz propia, las palabras escritas en los libros —*sus* libros— arrullaron a cada uno de sus hijos mientras crecían. Los varones pronto se convirtieron en tres conocidos escritores, y con el paso de los años el menor dedicó su tiempo a descubrir palabras, expresiones, giros y nuevas formas de contar historias que el lenguaje había perdido o no había inventado jamás, pero que ya existían en ese lugar donde habitan los inventos inexistentes, las notas que forman la melodía futura, los secretos que están por nacer. «El lenguaje es importante, crea los pensamientos.» Las palabras son esencias que convocan emociones y llaves que detonan acciones; las palabras son puertas de vida. Pero el día que encontró lo que en parte buscaba estaba en una celda de castigo de la cárcel de Carabanchel, aislado tras una huelga de hambre. El menor de los hermanos Goytisolo encontró el gran tesoro de su propia voz. «Nunca pensé que me iba a ganar la vida escribiendo. Siempre buscaba otra cosa para compatibilizarla con la escritura.» Como buen buscador, Luis Goytisolo había empezado derecho pero lo dejó; fue admitido para ser piloto pero no ingresó en la academia; o capitán de barco pero tampoco siguió ese camino. Sin embargo, durante aquellos treinta y cinco días de castigo escribió la base de lo que para muchos iba a ser su obra maestra, a la que tituló con una palabra inventada: *Antagonía*. «Como los eremitas que se retiraban en el desierto, el aislamiento te da más lucidez. Escribí en papel higiénico. Un lado era liso y el otro rugoso, y luego se lo pasé a la abogada. Un día me encontré en la calle casi por sorpresa. Nos convocaron a nueve presos y nos dijeron: "Esta noche salís". No tenía dinero para pagarme un hotel, así que pasé la primera noche en la calle Libertad. Quedé con ella y me lo dio».

Luis Goytisolo nació en 1935, forma parte de la generación del 50, y desde 1994 ocupa la letra *C* de la Real Academia Española de la Lengua. Ha sido merecedor de algunos de los galardones literarios más importantes otorgados a la literatura escrita en español, como el Premio Nacional de las Letras, ha quedado finalista en el Premio Cervantes, y es autor de una de las obras maestras del siglo XX en nuestra lengua. Sin embargo, aún no puede evitar —ni quiere— buscar objetos que nadie sabe donde están o que nadie sabe que existen, como tampoco puede evitar buscar esas imágenes intangibles que convocan las nuevas palabras que inventa. Él juega y disfruta con la lengua, pese a ser consciente de que la novela a la que ha dedicado su vida vive una completa transformación.

—Son nuevos tiempos dentro del permanente cambio. Para encontrar algo parecido habría que remontarse cuatrocientos años atrás con el nacimiento de la imprenta o cuando la cultura sale de las iglesias.

»Es un cambio de tiempo. Si la novela está en crisis es por el cambio en los hábitos sociales, pero además por los cambios que se experimentan en todos los terrenos.

Estamos a principios de noviembre, sentados en la sala de pastas de la Real Academia de las Letras y él viste una chaqueta informal, es delgado como un yogui y parece muy joven. Y lo sabe.

—El otro día en un restaurante de Barcelona me encontré con un tipo que conocí en mis comienzos y me dijo que estoy igual. Hay gente que cambia mucho pero yo no. En cierto modo soy idéntico. Si volviera a ser niño sería exactamente lo mismo que fui.

—Hay personas que físicamente mejoran con la edad. ¿Crees que tiene que ver con sus paladares vitales?

—En cierto modo es genético y va con el carácter. Yo lo veo claro en mis hijos.

Luis se lleva los dedos al rostro y se palpa la frente, los labios, la nariz; como si fuera ciego y necesitara confirmar que siguen ahí. Lo confirma.

—Algún gen de negro tenemos. Julia, la hija de José Agustín parece de las Antillas: bemba, de piel oscura. Yo tenía la nariz y los labios. Mi hermana era muy guapa. Marta es la mayor de los cuatro Goytisolo. —Luis me mira pero parece no verme a mí, sino a alguien que estuviera detrás, mientras recuerdo el poema que José Agustín dedicó a su hija y a su madre: «Tú no puedes volver atrás / porque la vida ya te empuja / como un aullido interminable. [...] / Nunca te entregues ni te apartes, / junto al camino nunca digas / no puedo más y aquí me quedo»—. El físico es consecuencia de lo otro.

Luis Goytisolo tiene los ojos muy claros y muy vivos. Aunque habla muy lentamente se mueve con la rapidez de un cervatillo: «Siempre he tenido mucha agilidad, en el campo podía saltar de una piedra a otra sin mirar, como si supiera donde poner el pie aunque no conociera el sitio». Casi todas las semanas viene a la Real Academia y sueña con volver a vivir en Madrid, pero de momento su hogar está en un molino rodeado de montes, cascadas y ciervos —Molí del Salt— donde han construido un puñado de apartamentos sobre ruinas romanas. Estamos a mediados del otoño, las hojas secas de los castaños aún revolotean en el aire de fuera, pero nosotros vamos a hablar de un sinfín de cosas que este buscador vital ha ido encontrando a medida que luchaba por vivir en tiempos buenos y no tan buenos, pese a que a veces no le ha resultado fácil.

—¿Hay claves para seguir adelante?

—No hay claves. Hay que seguir haciendo lo que a uno le apetezca, seguir adelante e intentar ser y no seguir la corriente.

—¿Es importante la seguridad en uno mismo para crear?

—Supongo que tiene mucha importancia, pero para mí es lo más normal. En la época de aprendizaje uno siempre está insatisfecho y por eso yo rompía lo que tenía. En esa época estaba insatisfecho.

»La seguridad me da independencia total. Yo no tenía nada que ver con lo que hacían mis hermanos y no les contaba nada. Ni tan siquiera sabían que escribía. Se sorprendieron cuando me dieron el premio porque casi no sabían que escribía.

El menor de los Goytisolo escribe desde los 11 años. Pero cuando él comenzó a publicar sus hermanos eran muy conocidos. La gente repetía los poemas de José Agustín como seña de identidad de una generación con la memoria de la guerra, que creció en la dictadura y estaba dispuesta a romper todo tipo de cadenas. La gente cantaba sus poemas, que se convirtieron en símbolo de libertad. Y luego estaba Juan, que se define como un hombre fronterizo que ha vivido en Francia y Estados Unidos y ahora vive en Marruecos, cuya voz crítica se levanta una y otra vez en defensa del mundo árabe y cuya vida ha sido un cuestionamiento constante de lo establecido. «Nadie es como era hace cuarenta años, todos tenemos una identidad cambiante», dice Luis. Él creció con la referencia literaria y personal de sus dos hermanos mayores, pero también con las de Joseph Conrad y Saint-Exupéry, a quienes ansiaba imitar. Ser piloto comercial o capitán de barco podía ser una buena forma de escribir. *El Principito* era una de sus obras preferidas.

—«Lo esencial es invisible a los ojos», dijo el Principito. ¿Qué es esencial para ti?

—Para mí la literatura, que siempre he vinculado al impulso sexual. No sabes por qué pero se apodera de ti de una forma inexplicable, igual que ocurre con una relación. Escribir es esencial y es esencial que se apodere de mí. Algo parecido a lo que sucede con el impulso sexual. —Luis ríe entre dientes.

—¿Qué lugar ocupa la intuición?

—Está bien, pero las intuiciones tienen que madurar. Al igual que el erotismo, la intuición hay que reconsiderarla.

Duda, se queda ensimismado y busca la palabra correcta, después retoma la conversación.

—Hay elementos comunes con el impulso sexual. A determinada edad el impulso es muy importante, el conocimiento de lo que te es afín y lo que no, el porqué. Sucede con los países, las gentes, el sexo.

Habla ahora de sus primeros impulsos sexuales: «De niño me gustaban las mujeres adultas. Luego, la mayoría de las mujeres con las que salí eran mayores que yo, y a partir de cierta edad la relación se equilibra y hasta se invierte». Recuerdo nuestro primer y último encuentro en la cafetería Seis Peniques, que está muy cerca de aquí. Estábamos a principios de julio, pero no hacía demasiado calor. Él vestía una camisa clara, bebía un vino blanco, sus ojos estaban acuosos y daba la impresión de que llevaba una pesada carga sobre sus espaldas. La crisis parecía haberle pillado de lleno. «Te compras una casa como todo el mundo, te endeudas y luego no puedes hacer nada.» La cafetería era umbría, olía a ajenjo, ginebra y limón, los muebles y el mostrador eran de madera y escay, las paredes estaban adornadas por reproducciones de cuadros con motivos de caza, y a mí todo aquello me recordaba a un camarote de barco. «Venía mucho por aquí», dice. Y le creo. Joseph Conrad debió de vivir en lugares así. Las otras mesas estaban vacías y Goytisolo me habló de por qué la novela es una forma de viajar: «Si quieres conocer la España de tiempos de Cervantes lee el *Quijote*, si quieres conocer Estados Unidos lee *American Psico*, si quieres conocer Rusia lee a Tolstói». También de aquella novela que comenzó a escribir en la cárcel y que tardó más de una década en terminar. «*Antagonía* es una palabra inventada, que me gusta más que antagonismo. Me invento palabras constantemente. Hay otros que también lo hacen. En la primera parte hay frases de doce páginas. Trata de cómo puede plantearse una novela desde el nacimiento y de los primeros recuerdos de un escritor. En la estructura está la singularidad del nueve, que es el número perfecto.» Luis Goytisolo a veces pierde la mirada en la transparente copa de vino blanco que tiene ante sí, como si encontrara inspiración entre sus brillos y reflejos, y entonces comienzo a extrapolar lo que dice acerca de su oficio a su propio arte de vivir. La cafetería estaba casi vacía, el sol entraba por la puerta y su luz transformaba las partículas de polvo en brillantes universos. «Es importante encontrar nuestras propias reglas. Hay que buscar unas reglas propias, porque si te atienes a lo que ya existe, no las encuentras. Ya lo decía Pavese: se empieza a ser gran escritor cuando se encuentra la propia voz.» Luis Goytisolo al principio dudó de lo que hacía y por sistema destruía casi todo lo escrito. «Me sabe mal haber destruido los relatos anteriores porque no me gustaban. Pensé que eso no valía nada. Generalmente los rompía, hasta que Carmen Balcells leyó alguno y me dijo que aquello valía mucho. A partir de entonces lo guardé todo.» Hablamos también de cómo a veces mirar atrás, sin quedarte ahí, te da pautas para el presente. «He releído mi obra y me ha impresionado. Es importante releer. A veces me emociona recordar cosas del pasado.» El viejo Luis Goytisolo del Seis Peniques desaparece y en su lugar el académico continúa con su cháchara en presente.

—¿Los mayores momentos de felicidad?

—Los mayores momentos de felicidad están relacionados con la sexualidad y el trabajo.

Estamos de espaldas al Museo del Prado, muy cerca de la calle Alfonso XII, que a mí me recuerda un poco a la Quinta Avenida neoyorquina. Sitiada por la valla de hierro del Parque del Retiro —el gran parque madrileño— y por edificios de pocas plantas con amplios ventanales, estamos rodeados de palacetes donde se ubican museos, hoteles de lujo como el Ritz, casonas señoriales, iglesias, coquetos rincones con césped, mimosas, rosales o macetas; y en la calle la gente pasea con sus perros, los niños salen del parque con globos. Hay mimos, payasos, patinadores, echadoras de cartas, numerólogos, ajedrecistas, y familias que comen a la sombra de los árboles. Pero en la sala donde estamos no hay ni un solo ruido ajeno a nuestra conversación. Luis Goytisolo ha rejuvenecido en estos meses de verano. El peso que parecía llevar a la espalda ha desaparecido y también la bruma de los ojos. Tiene motivos. Su vida parece haber dado un cambio a mejor. De momento es finalista —junto a su hermano Juan— del Premio Cervantes: «Ha salido un candidato para el Cervantes y yo quedé en el número uno; también se me ha mencionado varias veces para el Nobel. Pero lo que me interesa es el aspecto económico, para darme tranquilidad. Mis libros no serán mejores ni peores por los premios que me den. El mayor reconocimiento es toparte con gente que los ha leído y los ha entendido. Cuando firmo libros es importante ver a los lectores que vienen y me dicen que mis libros han cambiado su vida». A lo largo de estos meses estivales también ha escrito *El sueño de San Luis*. «Su propósito es explicar el papel que en la creación literaria, en el impulso de la inspiración, desempeña el subconsciente y cómo eso afecta a los aspectos estructurales y estilísticos de la obra no menos que a los argumentales.» Sus problemas económicos, sin embargo, parecen despejarse pronto. Pero tengo la impresión de que hay algo más, y se lo digo.

—Te veo muy bien.

—La comida, la felicidad se nota, y las relaciones estrechas de pareja. Escribir para mí es una meditación. No puedo estar sin escribir. Si no escribiera me comerían otros pensamientos.

—Los malos tiempos te sirven para regenerarte. ¿Cómo te las apañas?

—En mi caso siempre he pensado que tenía que apañármelas yo solo.

Mi padre estaba enfermo y yo le cuidaba. Me las arreglaba tan bien que, cuando en casa se perdía algo, era yo quien lo encontraba, siempre decían que me lo preguntaran a mí. Inconscientemente me dije que me las tenía que apañar; eso está siempre en mi actitud. La experiencia en la cárcel también fue muy importante.

En la sala donde estamos los académicos descansan antes o después de los plenos formales. No es fácil llegar hasta aquí. Hay ascensores, escaleras, puertas cerradas tras las cuales habita la memoria de la lengua. También una gran biblioteca que guarda miles de volúmenes de todas las épocas, y algo que a mí me recuerda a aquella vieja abadía de la novela de Umberto Eco titulada *El nombre de la rosa.* No huele a papel, pero aquí se acumula la memoria del castellano. Cada jueves de pleno los académicos siguen el mismo ritual. Suenan las campanillas y piden papeletas con propuestas de palabras para el debate. ¿*Sólo* o *solo*? ¿Aceptamos *tuitear* o *tuiteo*? ¿*Tablilla* o *tablet*? El constante cambio afecta también al trabajo de los académicos, que cuidan cada vocablo como lo que es: un tesoro en la memoria de todos. Después los académicos discutirán a gritos por un acento o un artículo para, al final de la sesión, escuchar en silencio unas palabras en latín con las que se cierra el pleno. El ritual envuelve este lugar, templo de las letras. Luis Goytisolo, buscador de objetos perdidos e inventor de nuevas palabras; un hombre en sus dominios.

—¿Cómo afrontas como escritor el constante cambio y las exigencias del mercado?

—Es fundamental no dejarse llevar por las modas, por una idea preconcebida o por la conciencia, que se puede confundir con la inspiración. En el momento de escribir siempre hay algo que mejorar.

Cuando era niño, su abuela solía leerle a Shakespeare o a Cervantes. Mientras a su edad otros niños no sabían leer, su padrino —también llamado Luis Goytisolo— escogía con sumo cuidado libros para él con el propósito de afianzar en el pequeño una buena cultura literaria, y después se los iba regalando cuando iba a visitarlo. También estaban sus hermanos mayores, José Agustín y Juan Goytisolo, que señalaban la cara y la cruz del viaje del creador literario. En torno a la gran biblioteca de su madre, su familia sembró y alimentó en él ese gran amor a las palabras.

—¿Qué es el amor para ti?

—En algunos casos va ligado a la amistad, pero la sexualidad también ha tenido importancia. Supongo que la desaparición de la madre le da más importancia al amor.

—¿Cómo se cultiva el amor?

—Es algo de lo que no hay que hablar siquiera; es una relación intangible de dos personas que está siempre presente. Estoy seguro de que he recibido mucho amor de niño. He nacido y crecido rodeado de cuidados.

Luis hace una pausa. Echa el agua de la botella de plástico al vaso de cristal, toma aire y sigue.

—El amor se está trivializando cada vez más. La gente hoy se relaciona por un atuendo. Se reconocen por la forma de vestir y esto les aproxima. Pero es absurdo. Lo íntimo y la persona están perdiendo importancia frente a la moda del momento.

Luis vuelve a beber y en su vaso los brillos juegan como haces de luz y saltan afuera. Su primera mujer, María Antonia, murió hace años; después conoció a una actriz; y Elvira, su actual compañera, tiene veinte años menos que él y otra visión del mundo. «Ella hace yoga y camina mucho. Me entrevistó cuando saqué *Estatua con palomas*. Cuando la conocí pensé: "¡Qué mujer más desgraciada". Poco a poco se fue convirtiendo en una mujer guapa y dinámica.»

—¿Y el amor de la paternidad?

—Nunca tuve vocación de padre, pero fui bueno. Hablaba a los hijos en broma, pero les decía cosas que ellos iban a recordar. En casa los regalos nos los traía el *Pape Peluque.* Yo me ponía al teléfono y llamaba desde otro lugar. Lo hacía para espabilarles un poco, ellos estaban encantados y la relación iba muy bien. Me llamaban «el papá relojero», porque encontraban las cosas perdidas.

Goytisolo es padre de dos hijos: Fermín, que «salió un cerebro, es doctor en Cambridge», y Gonzalo, que «aprendió a pintar junto a su madre. Ahora expone en la Biblioteca Nacional y me han dicho que llama la atención lo que hace». A Goytisolo le costaba mucho usar la palabra amor. Escribe en *Antagonía*: «Amar es una palabra cuyo uso solía evitar tanto al escribir como en la relación amorosa. [...] Desvincular sexualidad de erotismo y este de amor. [...] La ventaja es que entonces se convierte en un secreto, como todo lo que es valioso».

—¿Cómo se puede afrontar la tristeza?

—¿Tienes muchas penas tú?

—No. Pero hace unos días acompañé a un familiar mientras moría y estoy conmocionada. Penas no tengo pero el mundo está vivo y yo formo parte de él.

Luis descruza las piernas, bebe agua y respira. Después vuelve a mirar hacia mí sin verme.

—Es curioso porque hace unos días murió mi hermana Marta. Y no pudimos vernos. Mi hermano Juan salía para Marrakesh y yo para Bilbao. A él le localizaron al tomar el avión para decirle que había muerto y a mí no supieron cómo localizarme porque me quedé sin batería. Ninguno de sus hermanos pudimos acercarnos. La había visto pocos días antes, y entonces me dijo... —Luis se transforma en su hermana, que habla a través de él—: «¡Tanto tiempo!» —Marta se desvanece—. Pero solo hacía tres semanas que no la veía. Su cabeza ya no estaba aquí.

—Ver la muerte tan cerca me conmociona.

—A mí no, porque ya lo sabía. Era algo que esperaba.

Los ojos de Luis contradicen sus palabras. Silencio. Se emociona. Toda la luz de la sala se concentra en él, y crece pero no estalla. Me mira sin verme. Pienso que en este lugar aún permanece viva la impronta de algunos de sus compañeros. «Yo nunca había pensado en ser académico. No me presenté para serlo, pero un día me llamaron de parte de Fernando Lázaro Carreter para comer con el director. Ahora me parece un trabajo muy interesante, me gusta mucho la corrección del Diccionario. Lázaro Carreter era el académico perfecto. Sabía mucho, era divertido y me tenía en su comisión porque le gustaban mis intervenciones. Sampedro y yo nos apreciábamos mucho pero coincidíamos muy poco. Me comentó que a partir de *El amante lesbiano* ya no entregó sus libros a los miembros de la Academia. Estábamos de acuerdo en muchas cosas. Le conocí en casa de Carmen Balcells. Ella dijo: "Es banquero", y José Luis replicó: "Banquero no; bancario, que no es lo mismo".»

—Hay quien dice que es importante tener presente la muerte para vivir. ¿Enseña la muerte?

—Cuando toca, toca. Me parece positivo no obsesionarme con ello, pero es importante dejar las cosas arregladas.

»En mis obras la muerte está muy presente. Debe de ser porque intento no obsesionarme. Obsesionarse es no vivir. ¡Yo no quiero sermones ni entierros! Quiero que esparzan mis cenizas por el monte, y listo. Mi familia tiene un panteón en Barcelona que es como una ermita, y eso me horroriza.

—¿Es importante la naturaleza?

—Mis primeros recuerdos son del campo. Siempre me ha gustado mucho. No es que lo necesite forzosamente, pero no podría vivir sin pasar parte del año en el campo. En el molino, el campo es maravilloso. Hay mucha vida salvaje, ciervos, viñedos; de todo. —Silencio. Un impulso y habla—: Me molesta todo lo que está ocurriendo en Cataluña.

—Dicen que vivir también es dejar atrás. ¿Hay lugares a los que no deberías regresar?

—Cuando salí tuberculoso de la cárcel regresé a Viladrau, el lugar donde pasamos la Guerra Civil. Necesitaba reponerme en un clima limpio, pero noté que no tenía que haber vuelto. Algo así ocurrió también en una finca de la familia que hubo que vender, y me sentó fatal. ¡No quiero volver! ¡Siento que el lugar me rechaza! Un día regresé y noté que ese lugar me era desafecto.

»En Barcelona regresamos al barrio en el que había nacido, que era de casas y ahora es de pisos. Para mí se convirtió en una pesadilla. ¡No hay que volver a sitios que se han estropeado!

—¿Cómo cuidas de tu cuerpo?

—Antes iba al gimnasio. En una época me gustó cazar, aunque luego me horrorizó, pero entonces hacía deportes de campo. Me cuido con actividad, con mucho movimiento; trepo por los sitios. Me considero un cabrito en el buen sentido: antes saltaba de una piedra a otra sin mirar ni pensarlo siquiera, como si tuviese una visión añadida a lo puramente visual.

»Elvira hace mucho yoga y yo practico una pauta de gimnasia que un osteópata me recomendó. Siempre he sido muy ágil. Camino haciendo el loto.

—Vivimos un tiempo en cierto modo de locura y pérdida de memoria. ¿Qué dirías a los jóvenes que ven solo la destrucción?

—Que conozcan lo que es el mundo, lo que han pensado otros, que visiten los lugares personalmente... Que lean y viajen en lugar de perder tiempo en las pantallitas, y dejen el vicio de toquetear.

Luis Goytisolo mira el reloj. A toda prisa recogemos los abrigos y caminamos por los pasillos de este templo de las palabras. Ítaca para un buscador de esencias.

FEDERICO MAYOR ZARAGOZA

Y el poder de ser tú mismo en libertad

Existe otro tipo de pobreza: la pobreza del alma, pobreza de soledad y pobreza de inutilidad; es la peor enfermedad del mundo.

Teresa de Calcuta

Todo tiene remedio pero hay que encontrarlo. No hay ningún desafío que esté más allá de la capacidad creadora de la especie humana. El pasado ya está escrito, pero el porvenir está por hacer.

Federico Mayor Zaragoza

Hay que escuchar y escuchar. Cuando escuchas no solo creas puentes, sino que, como diez hombres pueden más que uno, tú estás en ese momento aprovechándote de la experiencia de otro, de lo que otro piensa, sabe o erró.

Federico Mayor Zaragoza

Ser libre significa volar alto porque no tienes adherencias.

Federico Mayor Zaragoza

Norte de Madrid. 6.15 de la mañana en una casa decorada con objetos de todo el mundo, estanterías plagadas de libros y alfombras, y con un jardín donde crece un olivo traído de Canaan, Palestina. El padre de tres hijos, abuelo de siete nietos y bisabuelo de dos bisnietos se incorpora en la cama tres cuartos de hora más tarde de lo normal sin tener ni pizca de remordimientos. Aún saborea el sonido de Wagner y también el chachachá con su posterior samba con que el grupo de José Antonio Abreu, la orquesta Simón Bolivar de Venezuela, terminó el concierto anoche. Está satisfecho. Al fin y al cabo, en cierto modo, él ha puesto un pequeño granito de arena a través del proyecto *Artistas por la paz* para que la música —«lenguaje de la paz»— llegue hasta los rincones más recónditos del mundo con su mensaje de lo ilimitados que somos los seres humanos. «¡Qué maravilla! —me dice—. La vida es una maravilla que tenemos que aprovechar. Yo soy de los que creen en la vida.» Federico duerme cinco horas cada noche, en su mesilla tiene poemas de Miguel Hernández, Machado y Miquel Martí, suele despertarse con el *All you need is love* de los Beatles y, cuando por fin se levanta y algunos días recuerda las palabras de su estimada Rigoberta Menchu, «perdóname amanececer por no haberte recibido», todo parece detenerse en torno a él. Federico tiene una vieja costumbre: durante diez minutos el hombre que promovió el cambio en la educación global hacia los valores cualitativos más que a los cuantitativos y dio un giro radical al sistema educativo que promovía la Unesco en el mundo, se queda en silencio frente a frente consigo mismo, como lo ha hecho siempre a lo largo de sus más de ocho décadas de existencia. «No a la uniformidad, sí a la libertad de ser uno mismo», se dice. El académico, científico cofundador del Centro de Biología Molecular Severo Ochoa, exrector de la Universidad de Granada, exdirector general de la Unesco y, sobre todo, actual presidente de la Fundación Cultura de Paz, decide qué hacer hoy, si el día será como ayer o si cambiará; si se atreverá a ir contracorriente o seguirá ciertos dictados. Después, como cada día, repetirá la frase que ha decidido fijar en su mente para que no se le olvide: «Yo libre y responsable». Enemigo declarado de la monotonía y la inercia —que es actuar como ayer ante las circunstancias de hoy—, esta mañana, como todas las mañanas, piensa en las cosas más importantes en su vida, en las que no lo son tanto y en «las generaciones futuras». También en que cada ser humano es único, que está dotado de una capacidad creadora que hace que pueda volar alto en el espacio infinito pero ha de estar siempre en libertad, en el filo exacto de las luces y las sombras. Y darse a los demás.

—En una capilla cerca de Montpellier leí que las mortajas no tienen bolsillos. Hay un periodo en el que uno vive y después se va; cuando uno se va, se va. Hay gente que va acumulando y no dando. La gran maravilla de la vida es dar y darse, y esto es lo que hace feliz. Una de las grandes acciones que debemos pensar todas las mañanas es en ser enormemente solidarios.

Federico Mayor Zaragoza desayuna un chocolate humeante. «En maya *ca* significa fruto y *cacao*, el fruto de los frutos. Yo sigo siempre las indicaciones de los mayas que son gente muy inteligente.» Lee el periódico y a veces —casi siempre— se enfada con las noticias. «¡Mucho!» Después se va a trabajar con una meta clara: cambiar las armas por las palabras, la guerra por la paz.

—Ahora no podemos ni debemos callarnos porque en algunos aspectos vamos a llegar a situaciones de no retorno. ¿Qué vamos a decir cuando nos miren los nietos y nos pregunten qué hemos hecho? ¿Qué podemos hacer hoy?

Federico Mayor Zaragoza tiene 82 años y varias oficinas desperdigadas por lugares en los que ostenta alguna responsabilidad; presume de no cansarse, pero prefiere grabar sus conferencias y enviarlas por internet a viajar. Aun así viaja, y mucho. Las pocas veces que he intentado hablar por teléfono con él siempre estaba fuera: «Estoy en Ginebra porque tenemos una conferencia internacional», «de camino al País Vasco», «en París». Esté donde esté, ya sea en España, Europa, África o la Cochinchina, siempre devuelve las llamadas y procura regresar a casa para cenar con Cheles (Ángeles), su esposa desde hace más de cincuenta años. Si además hay partidito del Barça, entonces mejor que mejor: lo ven juntos.

Su trayectoria profesional ha sido meteórica y brillante desde el principio, tiene todos los premios y menciones posibles; sus sueños parecen no haber tenido límites a la hora de concretarse. Aunque ha estado siempre cercano a una política centrista, ahora se ha convertido en una importante voz crítica de la economía global, el uso alienante de los medios de comunicación, la forma en la que se han dejado a un lado los derechos humanos y el rumbo del sistema en el que vivimos. Él firma libros como *¡Basta!*, *Reacciona*, *Delito de silencio* o *Donde no habite el miedo* y no parece tener pelos en la lengua cuando habla. Y yo me pregunto si un cambio tan fuerte puede ser real. ¿Por qué preside la Fundación Cultura y Paz y mantiene una actividad diaria tan frenética? ¿Por qué a estas alturas de su vida, después de haber llegado a lo más alto, sus palabras son tan críticas y sus propuestas tan insistentes? ¿Qué ha ocurrió dentro de él?

—Cuando avisé de que me iba de la Unesco me pidieron que presentara unas jornadas científicas y al empezar el profesor puso una sola imagen con una sola palabra: inercia. «Este es nuestro gran enemigo», dijo. Este es nuestro gran mal, porque pretendemos aplicar formas de ayer a los problemas de hoy, formas que quizá en aquel momento fueron soluciones pero que ya no lo son. ¡Tenemos que adaptarnos! Hay veces que en lugar de conservar lo que tenemos es preciso desecharlo. En eso consiste la evolución.

Son las 14.30 de la tarde de un lluvioso día de enero en Madrid. Y hoy me dispongo por fin a comer con Federico Mayor Zaragoza, que espera sentado en el rincón más tranquilo del restaurante Arturo. Nos encontramos muy cerca de la Castellana y de la calle Serrano, próximos a una barriada donde se alojan escuelas bilingües, embajadas, sedes de universidades internacionales, casas de dos plantas o tres con pequeños jardines y calles tranquilas por donde suelen pasear mujeres acaudaladas con sus perritos, estudiantes y, de vez en cuando, algún que otro guarda de seguridad cuya presencia a mí me resulta inquietante. También hay alguna que otra cámara de vigilancia en alguna esquina. No he visto ningún mendigo, ni percibido una sola voz por encima de otra, ninguna nota disonante que distorsione la habitual monotonía de esta isla adinerada. Tampoco dentro del restaurante a cuya puerta muchos ejecutivos y ejecutivas aspiran con ansia las últimas caladas de sus cigarrillos. Llego unos cuantos minutos tarde, pero él sonríe sin hacer ni un solo amago de reproche. Más bien al contrario. Con un cordial gesto de caballero me invita a sentarme y a escoger plato.

—Escoge lo que quieras ¡Aquí está todo muy rico!

Mayor Zaragoza nació en Barcelona en el seno de una familia humilde de Tortosa que con el paso de los años se enriqueció. Él estudió farmacia, vivió en nueve países, viajó —y viaja— por todo el mundo, escribe libros de poesía y ensayo que muchos leen, ha conocido a la gente más interesante de los siglos XX y del XXI... Sin embargo, en este restaurante pasa desapercibido porque viste casi exactamente igual que los hombres que comen en las mesas adyacentes: un traje azul de chaqueta y corbata impecables; lleva además zapatos brillantes y gomina en un cabello fuerte al que apenas ha plateado el tiempo. Tiene unos ojos entre azules y grises —que en su juventud han debido de ser el sueño de miles de alumnas pubescentes y de maduras colaboradoras—, manchas en el rostro y unos rasgos que desde un determinado ángulo, con perspectiva, hacen pensar que debió de ser un hombre tremendamente atractivo. Cuando habla de enfrentamiento o conflicto sus rasgos se endurecen y su mirada se vuelve opaca, pero si alguien llama por teléfono con una noticia personal se lleva las manos a los ojos y baja los párpados porque de pronto se vuelve profundamente humano. En cuanto se siente cómodo, suelta un chiste, un refrán o una anécdota, y te palmotea con fuerza la espalda.

—Los mediodías los reservo siempre para las personas importantes. Hoy, por ejemplo, he quedado ni más ni menos que con Elena. —Es decir, conmigo.

A lo largo de nuestros diversos encuentros lo que más me ha sorprendido de él ha sido la forma en que constantemente cita a esta o aquella persona. Como si la carrera de farmacia le hubiera dotado para ver todo y a todos como un resultado alquímico de distintos componentes que siempre hay que nombrar en la etiqueta, él cada pocos minutos nombra a alguien. Es más, a veces incluso da la impresión de que en cierto modo Federico Mayor Zaragoza desaparece y su cuerpo lo habitan otros cuyas voces suenan dentro de él, grabadas más allá de sus labios.

Mayor Zaragoza suele parafrasear sobre todo a la Madre Teresa de Calcuta: «A veces sentimos que lo que hacemos es tan solo una gota de agua en el océano. Pero si no la aportáramos el océano la echaría de menos. Existe otro tipo de pobreza: la pobreza del alma, pobreza de soledad y de inutilidad. Es la peor enfermedad del mundo actualmente, peor que la tuberculosis o la lepra». Al comandante Cousteau: «Me miran los niños de las generaciones futuras y me preguntan por qué». Y a Nelson Mandela: «Nadie nace odiando a otra persona por el color de su piel, su procedencia o su religión. El odio se aprende, y si es posible aprender a odiar, también es posible aprender a amar».

—Fui a visitar a Nelson Mandela y me dijo... —Imagen: Sudáfrica, un hombre de color con manos fuertes y ojos sabios. Es él quien ahora habla a través de Mayor Zaragoza—. «Su cultura de la paz no triunfará hasta que no haya un 25 o 35 % de mujeres en la toma de decisiones, porque la mujer siempre aplaza el uso de la violencia.» —Mandela desaparece, Mayor Zaragoza regresa y cambia el tono de su voz—. Él tenía razón. Es cierto que la mujer también puede hacer barbaridades, pero lo aplaza. El varón empieza por la fuerza y por las armas, empieza con el aquí mando yo. Pero la mujer da más valor a la vida, mientras que el hombre utiliza el poder absoluto.

El camarero trae la carta. Es afable, sonríe; parece conocer bien a Federico, aunque quizá solo está cumpliendo con su trabajo. Nos saltamos el menú y vamos a los platos. «¿Y si compartimos la comida?», propongo y él acepta. En un periquete escogemos unos ricos y variados entremeses, un Ribera del Duero y una deliciosa paella. Mientras Mayor Zaragoza dicta al camarero nuestra elección me viene a la mente el recuerdo del día que le conocí, hace apenas tres meses, y también el lugar: la Fundación Ramón Areces, situada en una de esas calles sin apenas tránsito que pasan desapercibidas junto a la Castellana, la gran arteria de Madrid.

Era media tarde y llevábamos meses intentando encontrarnos sin éxito. Pero todo llega si persistes en la dirección correcta. Federico Mayor Zaragoza es el presidente del Consejo Científico de la Fundación Ramón Areces y su despacho es un lugar silencioso con muebles oscuros y montones de papeles ordenados sobre las mesas. Libros en las estanterías. Algunos son de poesía y están publicados en ediciones exclusivas, pero otros son de ensayo. El silencio a estas horas es sepulcral, pero hay en él algo vivo, como si en cierto modo estuviera presente el calor de personas que ya no están. Separados por una mesa hablamos —habló— de Oriente Próximo y de cómo algunas personas que defendieron la paz y pudieron lograrla murieron de un disparo: Rabin, Anuar el Sadat, Kennedy. También de cómo han sido abortados los intentos históricos de liberar al mundo de la guerra a través de la Sociedad de Naciones, primero, y de Naciones Unidas, después. «Estados Unidos no formó parte de la Sociedad de Naciones que había creado. En Naciones Unidas pronto se cambió el voto por el veto. En los años sesenta y setenta, Estados Unidos con el Plan Cóndor sustituyó a los presidentes de América Latina por dictadores. El poder absoluto y la palabra democracia no pueden verse.» Pero, sobre todo, habló de los momentos estelares del siglo xx que cambiaron para bien el rumbo de la historia, y que a él le llenaron de esperanza en la humanidad y de fe en lo inverosímil que es este juego de la existencia. La historia está llena de milagros. «En los ochenta surge Gorbachov en la Unión Soviética y Mandela en Sudáfrica. El prisionero Nelson Mandela sale de la cárcel y en lugar de vengarse pone los brazos abiertos; en lugar de la mano alzada, la mano tendida, y en unas semanas se termina el racismo en Sudáfrica. Pocos días después Gorbachov dice que en adelante cada república de la URSS puede hacer lo que quiera.» Hacía dos días que Federico Mayor Zaragoza había estado en París con Mijaíl Gorbachov, quien hizo una radiografía del momento que vivimos no demasiado alentadora. Mayor Zaragoza conoce bien a Gorbachov porque hace más de veinte años lideró un grupo de doce expertos que tenía como objetivo ayudar al líder soviético a dar un giro radical a la historia de su país. Y justo ahora, en estos días de noviembre, los recuerdos están más efervescentes en su memoria porque hace 25 años cayó el Muro de Berlín. Toda persona que vivió aquel instante lo recuerda bien. Familias que vivían a un lado y otro del Muro se abrazan sobre las piedras de la vieja frontera. Muchos lloran. Europa y el mundo comienzan una nueva etapa.

—Hace 25 años Gorbachov decía... —Mayor Zaragoza desaparece y en su lugar está el expresidente soviético. La voz del viejo líder sale a través de los labios del español. Habla Gorbachov—: «Hago lo que en conciencia tengo que hacer. Ojo, porque estamos trabajando solo por la fuerza, porque además hemos destruido las Naciones Unidas y las hemos cambiado por grupos plutocráticos. Hemos de pensar en nuestros nietos y por eso no hay más solución posible que tomar medidas desde ahora mismo para evitar que ellos tengan problemas el día de mañana. La habitabilidad de la Tierra se está deteriorando. Cuiden de Rusia. Europa se está volviendo irrelevante porque abandona los principios democráticos. Se ha dejado de lado la Carta de los Derechos Humanos y en su lugar lo que Europa ha hecho es seguir las pautas de quienes sustituyeron los principios democráticos por las leyes del mercado. Si Europa quiere ser relevante, lo que tiene que hacer es no empujar a Rusia, sino acercar a Rusia». —El expresidente soviético se difumina hasta desaparecer y de nuevo aparece Federico—. La paz se construye si se siembra paz, si se sustituye la fuerza por la palabra. La humillación para Europa ha sido aceptar lo inaceptable. En Europa hemos tolerado que en Grecia, cuna de la democracia, las empresas hayan nombrado al Gobierno sin que se convoque elecciones. ¡No puede ser! ¡Lo hemos aceptado todo!

—¿Cómo mantenerse a flote pese a las desilusiones?

—Estoy convencido de que la capacidad creadora del ser humano es enorme. Siempre he sido una persona esperanzada. Creo que todo tiene remedio, pero hay que encontrarlo. No hay ningún desafío que esté más allá de la capacidad creadora de la especie humana.

»El pasado ya está escrito y lo escrito escrito está; pero el porvenir está por hacer.

»Yo me debo a las generaciones venideras, a los ojos de los no nacidos, que decía Cousteau, que ya nos están mirando. Cuando tenía 16 años leí un libro de Camus. —Imágenes: una sala grande con techos altos, un sillón y un libro de Camus. El adolescente Federico lee con avidez—. El libro termina diciendo: "Los desprecio porque pudieron hacer tanto y se han atrevido a tan poco". Desde entonces procuro hacer lo que en conciencia creo que tengo que hacer, y tengo la convicción de que el porvenir está por hacer y que todo es posible.

—¿Cómo has cambiado hábitos y actitudes para convertirte en quien eres hoy?

—Hay que escuchar y escuchar. Como decía mi padre: cuando escuchas no solo creas puentes, sino que, como diez hombres pueden más que uno, tú estás en ese momento aprovechándote de la experiencia de otro, de lo que otro piensa, sabe o erró. El primer aspecto es escuchar. El segundo, un consejo de mi madre: «No aceptes nunca lo que pienses que es inaceptable. Si piensas que no debes hacer algo, no lo hagas». Y por eso en lugar de decir sí, has de decir no; y en lugar de obedecer, pues no obedecer.

—¿Cómo mantener el rumbo?

—Yo lo llamo la reapropiación del tiempo, que consiste en reservar unos momentos para pensar en la orientación del día: si será como ayer o si, por el contrario, quiero cambiarlo. Es el momento de preguntarse si me puedo atrever a ir contracorriente o sigo como hasta ahora. Yo normalmente lo hago por la mañana. Todos los días hemos de tener un gesto, los pequeños gestos son importantes.

»Si tú haces algo, si plantas una semilla, habrá fruto. Quizá no lo veas, pero si está la semilla siempre puede haber fruto; si no está no lo habrá.

Los ojos de Mayor Zaragoza se llenan de pasión cuando relata las consecuencias de un sencillo gesto, y su emoción ilumina la sala como una pequeña farola mientras comienza a hablar de Rosa Parks, la costurera de Alabama que a finales de la década de 1950 dijo: «Yo no me levanto». Ella iba en un autobús cuando un joven blanco quiso sentarse en su asiento. Rosa Parks no llegó a su casa, la exiliaron a Michigan, pero la semilla que plantó se amplificó con Martin Luther King. Después este convocó una manifestación y dijo: «¡Tengo un sueño!». El pequeño gesto de una costurera hizo que en 1964 cambiara la ley. «Esta costurera nos ha dicho lo que tenemos que hacer. ¡Y todo con un pequeño gesto!»

En el restaurante Arturo, el camarero abre el Ribera y el sonido hueco del tapón borra de un plumazo el pasado de mi mente, pero no de la suya. Sirve el néctar y el bello líquido granate cae en la copa. Mientras observo cómo las tonalidades rosadas forman sugerentes imágenes en su interior que se mueven y se transforman, él habla: «De don Ramón Areces aprendí la capacidad de delegación y la confianza. ¡Sin confianza no hay crecimiento!». Esto es lo que él decía: «Yo confío en ti. Creo que eres la persona que puede llevarlo a cabo». Me dijo que quería que fuera el presidente de la Fundación; pero yo lo rechacé. «El presidente debe ser Severo Ochoa —le dije—. Ya se lo presentaré.» Ellos eran dos grandes personajes. Y los presenté en una entrevista. —Mayor Zaragoza vuelve a desaparecer, sus labios reproducen la conversación entre aquellos dos grandes personajes:

«—¿Usted aceptará? —preguntó don Ramón.

»—Pues claro —dijo Severo Ochoa—. Aquí el importante es usted, que ha hecho un imperio. Yo lo que he tenido es un poco de suerte.

»—¿Acepta entonces? —insistió don Ramón.

»—¡Acepto encantado!

»—Pero usted entonces... ¿usted cobrará? —preguntó don Ramón.

»—¡De ninguna manera! ¡Yo no cobro, don Ramón!

»—¡No cobra! ¿Y eso?

»—Es que he vendido muy bien mi piso de Nueva York.

»—¡Es lo menos que puedo esperar de un Premio Nobel!

Y Severo Ochoa fue el presidente de la Fundación hasta que murió. Ambos eran personajes de una gran calidad. Don Ramón era un empresario al que no se le ponía nada por delante, que no tenía hijos. «Quiero devolver a la sociedad lo que la sociedad me ha dado», decía. ¡Qué grandes personajes!

—¿Qué has aprendido de los grandes personajes de la historia para este momento que vivimos?

—Que cada ser humano es una maravilla y que puede crear

e inventar el futuro. Nosotros podemos hacer las cosas de otra manera a como se han hecho antes. Podemos reflexionar y podemos actuar en virtud de estas reflexiones.

—¿Cómo se produce el cambio?

—El cambio se hace en la educación. Es muy importante la educación no elitista, que nada tenga que ver con la calificación laboral sino con la cualificación: la manera como se han de tomar las decisiones propias, que la gente aprenda la forma de actuar, que aprenda a ser y a hacer, a vivir juntos; primero deben aprender a ser libres y responsables. Aquí también juegan los medios de comunicación y juega la familia; jugamos todos. Todos juntos sí que podemos cambiar. Porque ser libre es actuar en virtud de tus propias reflexiones, sin dogmas. Libre y responsablemente, pensando en los demás y en los límites de tu propia libertad, aprendiendo a escuchar, aprendiendo a expresar y a transmitir tus opiniones; a no permanecer silencioso cuando has de tener la valentía de expresarte. Todo esto es educación, y no saber inglés o química.

—¿Qué tipo de educación?

—Si me preguntas qué profesor influyó más en mí te diré que fue el profesor de filosofía que me hizo aprender a pensar y mirar las cosas de distinta manera y desde distintos enfoques. Después también un profesor de bioquímica de Oxford, que me dijo: «Investigar es ver lo que otros ven y pensar lo que nadie ha pensado». La especie humana tiene algo inexplicable desde el punto de vista científico, y es que cada ser humano es capaz de crear. No tiene que ligarse a dogmas ni al dictado de nadie. Cada uno puede inventar su porvenir e inventarse lo que quiera. Cada ser humano es capaz de inventar su esperanza.

Mayor Zaragoza se lleva la copa a los labios, bebe un sorbo y el jugo de uva se derrama. El sabor a madera afrutada impulsa el botón que abre la puerta de la memoria y dispara la lengua. Habla: «Lo he dicho siempre. ¡Es la fuerza de los maestros!». En casa tenía los referentes de mi madre y de mi padre. Él, hombre trabajador, imaginativo y que no tenía ninguna formación porque su tío Marcelino estaba siempre en la cárcel. Él me enseñó perseverancia. ¡Era todo un personaje! Un ejemplo de constancia y creatividad. Mi padre llega a Barcelona y trabaja en una zapatería. Se preparó para llevar la contabilidad. ¡Qué imaginación! En el 46 ve que Fleming ha descubierto la penicilina y piensa: «¡Hay que hacerlo aquí!». Cuenta con un grupo de médicos y farmacéuticos y juntos empiezan a hacer penicilina en una gran estufa. Él lo basaba todo en la imaginación y en la perseverancia. Tenía un refrán: «Lo importante no son las veces que uno se cae, sino las veces que uno se levanta». —Una tenue luz entra por el ventanal y acaricia su rostro encantado de hablar de su familia. La mesa poco a poco se va llenando con las deliciosas empanadillas caseras, el pan crujiente y las hortalizas que hemos pedido, mientras el semblante de Federico cambia cada pocos minutos a medida que repite las frases de cada uno de sus primeros maestros, de su familia. El mimo despierta—. Mi madre era una mujer muy sabia. Ella decía: «Si quieres ser feliz no aceptes nunca lo inaceptable, no te calles». Decía también: «La vida es un milagro, hay que aprovechar todos los momentos. Ya descansaremos cuando muramos». Y mi tía de Tortosa decía: «Soluciones hay siempre pero tienes que encontrarlas». —Silencio, hace una pausa. Come una empanadilla—. Mi día a día ahora es muy agitado. Estoy casado, tengo tres hijos (dos chicos y una chica), siete nietos. La chica es sensacional. Fíjate, siete nietos y cinco mujeres, lo cual demuestra mi proclividad por lo femenino. —Sonríe con complicidad—. Tengo además una bisnieta y uno en camino. Lo he hecho lo mejor que he podido, pero he viajado constantemente.

—¿Cómo educas a los tuyos?

—Tanto a mis hijos y a mis nietos como ahora a mis bisnietos les he dicho siempre lo que pienso. Pero la educación en la libertad es esencial. Es preciso hacerles ver desde el primer momento que no han de sentirse vinculados a nadie, que siempre estarán rodeados de llamadas que tratan de decirles lo que deben hacer. Pero uno es libre y responsable. La libertad es el mayor don que ha recibido la especie humana.

»Es importante siempre que uno diga lo que quiere decir y luego esté ahí para ayudar. ¿Quiénes somos nosotros para decidir el destino y el futuro de nuestros hijos?

Se lleva las manos a la cara, cierra los dedos y se rodea con ellos la nariz. Algo sabe de educación. Federico Mayor Zaragoza fue subsecretario de Educación y Ciencia en 1974-1975, en los últimos tiempos de dictadura; también ministro de Educación y Ciencia en 1981-1982. Ha sido profesor, catedrático y rector de universidad. Hasta 2004 conservó su plaza en la cátedra de la Universidad Autónoma de Madrid. A lo largo de sus once años en la dirección de la Unesco ha impulsado algunos hitos educativos. Gracias a él Edgar Morin, el filósofo de la complejidad, escribió *Los siete saberes de la educación del futuro*, que se ha convertido en una obra clave en todo el mundo porque plantea la necesidad de dar un vuelco al sistema educativo para que pueda ser de utilidad en la vida actual. Morin escribió que es preciso mirar la complejidad a través de una inteligencia general y no parcelada, aprender sobre la condición humana —quién soy, de dónde vengo o dónde voy—, tener muy en cuenta el planeta y a los otros... Pero quizá el gesto en materia educativa del que más presume Mayor Zaragoza es el programa *Escucha África.* «Lo hice por algo que te voy a contar. Verás, estábamos en Burkina Faso. Hablábamos de la educación en África y había una mujer muy bonita que sonreía. Pensé que estaba satisfecha, pero luego pensé que se reía con ironía, y ella misma me lo vino a decir. Dijo que no podía aceptar que la Unesco fuera allí a dar lecciones de cómo se debe educar en África.» Mayor Zaragoza se transforma en aquella bonita mujer y dice: «Espero que dentro de poco, en vez de venir a darnos lecciones, vengan a recibir las nuestras; que en lugar de venir a darnos consejos vengan a ver qué es lo que nosotros queremos para educar a los africanos». La mujer se difumina hasta desaparecer y regresa Federico. «Yo le contesté a la mujer: "Mire, me acaba de dar usted una lección y pronto tendrá noticias mías. A partir de ahora la educación que dé la Unesco será la de los maestros de África, Asia, América Latina. Estos son los que nos tienen que aportar el fondo de su experiencia". Y así lo hicimos. Luego escribí a esta mujer: "Mire lo que ha hecho usted. Ha cambiado todo el programa educativo de la Unesco".» Sobre la mesa descansan los dos teléfonos de Federico Mayor Zaragoza. Cada pocos minutos suenan mensajes en uno y otro, pero él come sin prestarles atención. El camarero trae la paella y su aroma de tierra y mar humea a nuestro alrededor, nos envuelve y crea ese tipo de lazo que nace entre dos personas sencillas cuando comparten pequeñas cosas. Los sentidos también nos hacen humanos.

—¿Cómo se puede ser libre en nuestra sociedad?

—Ser libre significa volar alto porque no tienes adherencias. Haces lo que tienes que hacer, pero no estás vinculado a nada, si bien es cierto que el poder mediático nos tiene dominados. Pero ojo, somos nosotros quienes debemos dominar a la máquina y no a la inversa. Estamos informándonos constantemente, pero la información no es conocimiento. El conocimiento es lo que incorporas de la información, meditas y con eso decides después libremente actuar.

»Si a través del poder mediático se quiere que uno solo piense en el fútbol, muy bien. A mí me gusta el fútbol, pero cada día, durante quince minutos pienso en aquello a lo que quiero decir sí y a lo que quiero decir no. La libertad consiste en actuar en virtud de tus propias reflexiones. María Novo decía que el gran problema es que nos tienen distraídos. Uno no está deprimido, sino simplemente distraído, y entonces es cuando ya no actúas por ti mismo, cuando ya no actúas con responsabilidad conforme a lo que piensas, sino en virtud de lo que te dicen que hagas.

—¿Cómo puede uno inventarse cada día? ¿Cómo te abstraes del torbellino?

—La invención del futuro es precisamente el disponer de tiempo para decir que, si todo va en una dirección, yo voy en otra. José Luis Sampedro dijo algo a los jóvenes: «Tendremos que cambiar de rumbo y de nave». Nosotros tenemos que seguir nuestra brújula y tenemos que emprender nuestro propio camino. Como bioquímico sé que, si no hay evolución, habrá revolución. La diferencia está en la erre de *responsabilidad*. —Mastica, sonríe—. Tenemos que ser responsables.

Sobre la mesa suena la melodía de uno de sus dos teléfonos. Lo coge. Escucha. «*Bonsoir. Ça va?*» Cuelga y comparte conmigo su conversación: «Es un profesor muy importante de Marruecos a quien tuve de subdirector en la Unesco y que ahora me invita a una conferencia en Marrakesh que organiza junto con Edgar Morin. Me insistía para que no le dijera que no». La paella aún espera en su plato; enseguida vuelve a ella, y a nuestra charla.

—Los imposibles no existen. Son imposibles hoy, pero, si tenemos la capacidad de emprender, tal vez mañana puedan ser posibles. ¡Es importante atreverse! Me encanta una frase que dice: «Lo conseguimos porque no sabíamos que era imposible».

El risueño camarero trae la carta de los postres. Y, efectivamente, todo parece estar bueno. Compartimos de nuevo por mutuo acuerdo: chocolate con sorbete de mandarina. ¡Riquísimo! Los sabores, igual que los aromas, tienen el poder de cambiar los estados de ánimo y la conversación.

—¿Qué es la felicidad?

—La felicidad es darte cuenta de que cada ser humano es algo inexplicable. ¡Qué fantástico es participar de una situación excepcional! Darte cuenta de que estás viviendo una situación formidable, que eres un ser dotado de la capacidad de ver y de ser consciente. Los seres humanos hemos hecho barbaridades pero también cosas muy bellas. Hemos descubierto nuevos medicamentos. ¡Qué maravilla! Cuando de niño decía a mi madre: «¡Madre, que estoy malo!», ella pensaba que podía ser la polio. Antes no sabíamos si íbamos a tener niño o niña, y ahora sí. ¡Qué maravilla!

El camarero trae el postre. Federico acerca su plato y separa una ínfima parte.

—Yo me llevo un poco de esto y de esto; el resto para Elena.

—Pero si yo no tomo azúcar y además tú tienes que crecer.

—Pues yo soy diabético tipo dos. Pero el chocolate es buenísimo. ¡Antioxidante! El chocolate y el vino son mis dos antioxidantes.

Federico levanta la copa de vino tinto y las luces rebotan sobre el néctar hasta crear a su alrededor una gama de tonalidades violetas. Suena el teléfono. Esta vez es Cheles, su mujer, y algo cambia en él, pero para bien. «Ella es farmacéutica, nos conocimos en la carrera. Es una persona que tiene muchas virtudes, entre ellas su inmensa paciencia. Nuestro matrimonio no ha sido fácil porque he cambiado nueve veces de lugar de residencia. Ella es una excelente profesional, pero se ha dedicado a la casa. Me ha cuidado muy bien y yo he sucumbido a este interés próximo. Pero yo soy una persona que he vivido muy intensamente: en solo un año, en 1996, hice 410 vuelos. Llegar a tomar más de un vuelo diario porque hacía escala. Todo esto solo se puede hacer si tienes una retaguardia muy buena, si sabes que los hijos y todo lo demás está perfectamente. Para escribir los libros que he hecho, para hacer los viajes, para estar un día en China y al otro en Chile, hay que tener una buena retaguardia. Todo esto requiere haber vivido con una gran capacidad de decisión personal. En mi casa yo no me he ocupado de nada. ¿Qué corbata llevo? No lo sé. Estoy desde el año 56 con una persona que cuando me levanto me prepara la camisa que debo ponerme. Ella es una mujer que siendo farmacéutica y profesional me ha animado a que yo sea como soy. Ha sido mi consejera y, al mismo tiempo, nunca me ha hecho preguntas que podían contener desconfianza. ¡Qué suerte!»

—Es muy importante darse cuenta de que para ser libre una persona tiene que tener las manos y el espíritu descolgado de todos los interrogantes.

El azúcar del postre parece llevar a Mayor Zaragoza a divagar, pero él nunca divaga. Mayor Zaragoza presume de haber dejado en manos de mujeres algunos de sus más preciados proyectos.

—Tenía una alumna ceutí muy bella que hizo el doctorado conmigo, Magdalena Ugarte se llamaba. Cuando empecé el Plan Nacional de la Prevención de Subnormalidad le pedí que se encargara de él. Cuando llegó el momento de presentar Cultura de Paz ante Naciones Unidas me dije: «Esto solo puede hacerlo una mujer», y se lo encomendé a una guatemalteca. Cuando en la Unesco quise hacer una declaración universal que prohibiera el uso de genoma humano para fabricar personas en serie, se lo encomendé a una mujer.

»Las mujeres tienen que tener las mismas capacidades de elección y respeto que los hombres. Ellas pueden hacer cosas que no han podido hacer los varones.

Suena el teléfono otra vez y lo coge, pero al escuchar la conversación su rostro cambia. Se lleva la mano a la cara y por un instante oculta sus ojos tras ella. Respira. Cuelga. Parece afectado. Toma un sorbo de café.

—¿Era Edgar Morin?

Niega con la cabeza.

—Llaman para decirme que ha muerto Antonio Lago, un hombre con mucho brío cultural pero atemperado.

Mientras Mayor Zaragoza habla de su amigo muerto, mi atención se queda atrapada en las formas multidimensionales que se crean en el interior de la copa de vino, curvas y rectas que parecen danzar. Doy un sorbo y nacen pequeñas ondas concéntricas que absorben la luz como agujeros negros a las que soy incapaz de dejar de mirar. Las figuritas danzan, se mueven, cambian y desaparecen. Después las sustituyen otras parecidas pero no exactamente iguales. Y él habla de la muerte. La muerte también nos recuerda que estamos vivos, y que hay que vivir.

—¿Qué merece la pena de la vida?

—Vivir plenamente y vivir en profundidad pero sabiendo que vivir tiene todas estas facetas que antes te decía que son inexplicables, y hay que aprovecharlas. Lo que no vale la pena nunca es ir contra la vida. Es decir, todo lo que sea odio, animadversión, querer tener siempre unas posturas o la defensa de la verdad. Las personas más ridículas son aquellas que te hablan como si fueran poseedoras de la verdad. Perdone, ¿de qué verdad me está usted hablando?

El camarero trae la cuenta. Federico saca una tarjeta de crédito y varios billetes de propina. «Con esto se cobra usted, más diez euros, y esto se lo da al chico del aparcacoches. Dele las gracias.» El camarero sonríe pero no recoge la propina del «chico», que queda sobre la mesa.

—¿Y la muerte?

—La vida es inverosímil, ¿por qué no iba a serlo la muerte? Si alguien me demostrara que Dios existe o, por el contrario, que no existe, me destrozaría. Lo único que me importa es el don supremo de la libertad.

Silencio. Da un sorbo a su café, el último. Levanta la cara y pierde la mirada en el infinito. Da la impresión de que recordara la memoria de todos los grandes personajes que conoció y ya se fueron, pero él sostiene su impronta; habitan en él.

—Recuerdo que un día que almorzaba en Cartagena de Indias con Gabriel García Márquez y le pregunté: «¿Tú qué opinas sobre la muerte?» —Imágenes: mar, palmeras, una preciosa ciudad colonial. La brisa que trae el olor a salitre. ¡El vino es rosado, de Chile! Habla García Márquez a través de Mayor Zaragoza—. «A mí hay una palabra que me conmueve y es la palabra *eternidad.* ¡Es demasiado larga!» —Gabriel García Márquez desaparece sin dejar rastro y regresa Federico—. A mí también me conmueve la palabra eternidad. En cualquier caso esta extraordinaria capacidad que tenemos de ser conscientes, de saber que sabemos, de ser los ojos del universo, tiene un valor inmenso. Lo que la humanidad ha ido haciendo a pesar de los pesares es una joya que algunos tenemos la inmensa suerte de poder disfrutar. ¿Que se acaba? Es lógico. No íbamos a estar permanentemente disfrutando de esta maravilla. Lo que no hay que hacer es prolongar la vida innecesariamente. Ni un día más ni un día menos. Cuando llegue el momento, llegó. Es importante añadir vida a los años pero no años sin vida.

—¿Con qué sueñas?

—Con que se acerca la gran inflexión de la fuerza de la palabra a través del poder ciudadano. La gran inflexión que va a experimentar el mundo es que resolveremos las cosas hablando. Se ha acabado eso de que estemos supeditados a 20 o 30 hombres.

Bebo el último sorbo de la copa de vino mientras él acaba con su pastel de chocolate. Y a mi mente vuelve la pregunta ¿Por qué un hombre que ha llegado a lo más alto firma libros como *¡Basta!* o *Reacciona*? ¿Por qué preside una fundación para la cultura y la paz?

—¿Cómo puede ser que estemos rebajando la habitabilidad de la Tierra y haciendo que cambie el clima? ¡Por favor! Una vez me fue a ver el comandante Cousteau. —El mediático capitán de barco se encarna en Mayor Zaragoza y habla—. «Yo me he dedicado a loar las bellezas del mar y he hecho mal —dijo—. ¡No debería haberlas loado tan bien! Ahora estamos destruyendo los océanos. Por las noches veo los ojos de los niños no nacidos que me señalan.» —Cousteau desaparece y regresa Federico—. ¡No puede ser!

Mayor Zaragoza se levanta, pero yo aún permanezco sentada para poder observarle con más detalle: es un hombre bastante alto, mayor, que se alza recto como un palo, fruto —como toda buena receta alquímica— de una buena mezcla: muchas sangres, muchos viajes, muchas voces con sabiduría; fruto del aprendizaje. Federico se pone el abrigo e insiste al camarero para que entregue el billete al aparcacoches. Es contundente: «Este dinero es para el chico». En la calle chispea y él avanza con prisa hacia su coche porque hoy tiene que cuidar de su bisnieta. Vestido con su abrigo gris y sus brillantes zapatos y llevando como lleva el pelo peinado a la perfección, duda al pisar la calle, pero enseguida levanta la mano para decirme adiós. Quizá no volvamos a vernos, y ambos lo sabemos. Eternidad es una palabra muy larga. Por eso me quedo un instante más en la calle, para fijar la imagen en mi mente mientras Federico se aleja. La lluvia desdibuja sus contornos y juega con ellos hasta hacerme creer ver en él a Mandela, a Teresa de Calcuta, a Cousteau, a Gabriel García Márquez. Y escucho a sus propios padres: «La vida es un misterio y quizá un milagro», «no importa las veces que caigas sino las que te levantes». Teresa de Calcuta, Cousteau, Gabriel García Márquez, Mijaíl Gorbachov: Federico.

Impreso en
Limpergraf, S. L.
Barberà del Vallès (Barcelona)